爸爸的高度，决定孩子的起点

张卉妍 编著

吉林文史出版社
JILINWENSHICHUBANSHE

前　言

教养一个孩子，就像经营一份事业，事业发展得怎么样，全看“总经理”如何运筹帷幄。中国古代《三字经》里不也有“子不教，父之过”的说法吗？可见，爸爸的教育在孩子成长过程中有着非常重要的作用。

在家庭教育中，如果把爸爸比作一棵大树，那么，妈妈就像是一片绿草地；在孩子的心中，如果说妈妈是水，那爸爸就是山，山水相依，缺一不可。

爸爸和妈妈的教育，对孩子的影响是不一样的，却同等重要。妈妈的教育，以那种女性的感情细腻、做事认真仔细、性格温柔去影响孩子，为孩子提供温情、舒适感；爸爸的教育，则以男性的大胆、果断、自信、豪爽、独立，给孩子提供力量、支持和依靠。爸爸对孩子的影响表现在品格培养、智力发展、社会心理以及坚强、自立、勇敢等性格的确立。如果缺少爸爸的教育，就像孩子缺钙一样，精神上会营养不良。由此可知，在孩子的心中，爸爸的形象是高大伟岸的，爸爸的声音是铿锵有力的，爸爸的气概是气吞山河的。妈妈永远代替不了爸爸的角色，对孩子们来说，爸爸是他们成长路上尤为珍贵的一笔财富。所以，作为爸爸，应该充分认识到自己对孩子教育的重要影响。

美国耶鲁大学的一项研究成果表明，由男性带大的孩子智商高，学习成绩更好，走向社会也更容易成功。

父亲带孩子固然好，但是许多家庭中，父亲的角色却是缺失的。

存在一个有趣的现象，做家庭教育咨询的来访者基本都是妈妈，这就说明，在教育子女这个问题上也许出现了“阴盛阳衰”的现象。在中国的家庭教育中，以妈妈为主的占50%，以爸爸为主的占20%，平分秋色的占30%。不少爸爸常以工作忙、打拼赚钱为由，将陪伴、教育子女的重任更多地交由妈妈来承担。事实上，只要爸爸们愿意挤出一点儿时间，掌握一些教育的方法，用心地去关注孩子、教育孩子，其实是很简单的。

首先，做一个好男人，具备良好的个性品质、良好的行为习惯，给孩子树立一个好榜样。

其次，多抽出一点儿时间陪孩子，带孩子去跑步、游泳、攀岩、打球，不但使孩子养成运动的习惯，对健康有益，而且无形中锻炼了孩子的意志力。

最后，在日常生活中，有意识地激发孩子的好奇心、拓宽孩子的知识面，培养孩子各方面的能力，如生活能力、自主能力；培养孩子良好的个性品质，如自尊心、自信心、进取心等。

本书从做父亲的天职，父亲在家庭教育中的角色和作用等方面给予许多有益的建议，告诉大家，什么样的爸爸是好爸爸，如何做一个好爸爸。从多个方面人手，如培养孩子的爱心、学习、自主、节俭、责任、挫折、交往、信念、意志等，阐述教育孩子所面临的问题，并分析原因，提供切实的解决方法，为爸爸教育孩子提供诊断、指导，帮助爸爸认识自己的角色，明确自己的责任，掌握教育的技巧，打破以往错误的教育观念。

目录

第一章　好好做父亲：男人最有价值的投资

第二章　好孩子：三分天注定，七分靠教育

第三章　不许失败的创业：中国式父教的七大硬伤

第四章　父亲的高度，决定孩子的未来

第五章　观念突破：想要教育好孩子，先要改变自己

第六章　能力教育，父教的重中之重

第七章　每个孩子都是天使，个性教育开放孩子的人生

第八章　和智商相比，培养孩子的情商更重要

第九章　如何沟通：如何说孩子才会听，如何听孩子才会说

第十章　莫做“非爱行为”：不要以爱强迫孩子

第十一章　男孩、女孩，父亲教育大不同

第一章

好好做父亲：男人最有价值的投资

父亲是男孩走向男子汉的桥梁

著名作家贾平凹说过："作为男人的一生，是儿子也是父亲。"作为儿子的男人，一生都受自己父亲的影响，不是沐浴在阳光中，就是生活在阴影中。父亲对于男孩的影响是方方面面的。父亲是男孩走向男子汉的桥梁，是儿子成为男子汉的力量之源。

强强今年四岁了，但还是不敢一个人走楼梯。当和小朋友们发生矛盾时，他就会哭着找爸爸为自己出头……

是什么让强强变得如此胆小、懦弱呢？究其原因，是他没有"下地走路"的机会。我们经常会看到父母们把孩子抱在怀里，慢慢地，孩子就习惯了这种方式，不想走路时要抱抱，累了要抱抱，难过了要抱抱。可是这样一来，孩子却失去了学习的机会，习惯于"抱"养的方式。而习惯被"抱"养的男孩，就会变得自私、娇惯、怕吃苦、怕负责任、受不起挫折、不懂得感恩、经不起风雨。

达尔文说过：幸运喜欢照顾勇敢的人。因此，父母要采取“放”养的方式，不要事事参与，而要多鼓励男孩去探索，从小培养他们成为男子汉。

事实上，对于男孩来说，一个积极的、正面的父亲就是一个看得见、摸得着的好榜样。在榜样的熏陶下，无疑就为男孩搭建了一座走向男子汉的桥梁。

有这样的一个故事，我们不妨来看看：

一天，男孩捡到了一只鹰蛋，把它放到家中的养鸡场中，与鸡蛋混在一起让母鸡孵化。终于，在经过一段孵化过程后，小鹰破壳而出了。出生后的小鹰和小鸡们快乐地生活在一起，而且没有意识到自己和小鸡们的不同之处。

一天天过去了，小鹰也长大了，它的身体变大，羽毛也变得丰满。可是在这个时候，小鹰发现小鸡们总是用异样的眼光审视着自己。于是，小鹰心里就想：小鸡们为什么要这么看着我？难道我与它们有什么不同吗？这种奇怪的感觉一直持续到一只老鹰的出现。

那天，老鹰挥动着翅膀从养鸡场上空飞过，小鹰仰望着它的身影，顿时觉得自己的翅膀有着一种飞翔的冲动，心情也瞬时激动起来。小鹰自言自语地说：“要是我能像它一样飞翔，那该多好啊！这样的话，我就可以远离这个偏僻狭小的地方，飞翔在山顶上，俯瞰大地和人间了……可是……”

是啊！可是……可是小鹰从来没有张开过翅膀，根本没有飞翔经验。如果从半空中落下来，那不是会丧失自己的性命吗？此时的小鹰，犹豫着、冲动着，在经过一番激烈的内心挣扎后，小鹰决定冒着巨大的风险，尝试飞翔。

它拍打着翅膀，用力地想要飞往高空。天啊！它成功了！小鹰一边飞翔着，一边看着这广阔的世界，它觉得兴奋极了！而此时，小鹰也明白了自己和小鸡们的区别，原来自己是一只鹰。

小鹰的故事告诉我们：每一个成功者背后都有一段从稚嫩走向成熟的过程，如果自己不放开所有，不去拼搏一下的话，永远不知道接下来会遇到什么样的问题。教育孩子也是如此，如果父母总是将孩子圈在自己的身边，抱在手里，那孩子就会像温室里的花儿经不起风吹雨打。孩子只有在经受磨炼和风雨的洗礼后，才能像鹰一样张开翅膀，自由地翱翔于苍穹。

因此，为了孩子的成长，父亲不要将孩子抱得太久，管得太多，而要学会放手，让孩子真真正正地成为一个男子汉。

在放手的过程中，父亲应该注意以下几点：

让孩子养成爱劳动的好习惯

陶行知先生说："滴自己的汗，吃自己的饭，自己的事自己干；靠人，靠天，靠祖上，不算是好汉。"

也就是说，要从小自立，学会打理自己的生活。父亲可以鼓励孩子独自穿衣、叠被、吃饭，并且做一些力所能及的家务活。无论孩子做得好坏，父亲都不要参与到孩子的行动中，而要让孩子慢慢体会劳动的滋味，从而养成爱劳动的好习惯。

解放孩子的思维，让孩子独自去探索

父亲的放手是有意识的，是有明确的目标和方向的，但孩子是无意识的，只要开心就行了。所以，父亲应该把目标方向融合、贯穿到孩子的生活和学习中去。仔细分析：如何放手才是恰如其分，做到"放手不放眼，放眼不放心"？

放手不是放任自流

放手教育并不是不闻不问，更不是拔苗助长。父亲在放手的同时，也要注意孩子在生活中的一举一动，约束好孩子的一言一行，让孩子慢慢学会与人相处，学会宽容、理解和忍让，提高自觉性和自律意识，形成男子汉应具备的健康人格。

父亲是女孩走向成功的媒介

俗话说得好：女人能顶半边天。在竞争如此激烈的社会中，女性特有的细腻、灵活、敏感、韧性等优势，在策划、公关、服务等行业发挥出了其独有的协调能力，并在社会上赢得了一席之地。大师彼得·杜拉克曾经预言：知识性的工作将跨越性别的界线，工作性质将由重视体力向重视智力转变，女性的优势将会越来越突出。

为什么女性的优势会越来越大，从而走向成功呢？父教专家威廉姆·罗纳德这样解释："父亲是一种媒介，而女儿可以通过父亲理解到自己的价值。父亲所给予女儿的认可和赞美，是其他人所不能做到的，而且是无法做到的。"可见，父亲在教育女儿的过程中，起着关键性的作用。

女儿在父教的影响中，走向成功的代表性人物就是撒切尔夫人了。撒切尔夫人是英国前首相，并且三次连任，是世界著名的政治家，人称"铁娘子"。在她的成长过程中，父亲的功劳不可小觑。

玛格丽特（撒切尔夫人结婚前的名字）的父亲叫罗伯茨，是英国格兰文森小城一家杂货店的店主。在经营这间杂货店时，父亲就积极投身于公益事业和教会活动，并在这个小城的政界中取得了一些声望和号召力。

在玛格丽特 5 岁生日时，父亲送给她一份特别的礼物，是一段话。这段话是这样说的："亲爱的女儿，你要记住，凡事要有主见，要用大脑来判断事物的是非，不可盲目听取他人的意见。这是爸爸送给你的人生箴言，是爸爸给你的最重要的生日礼物！"

"玛格丽特，我亲爱的女儿，不要去做或想别人已经做过的事情，那实在是太平常了！要做自己想要做的事，并说服周围人理解你、同意你、支持你。"除了这些，父亲还经常灌输给玛格丽特一种思想："永远坐第一排。"在生活中，不管是坐公交车还是听讲座，父亲都会要求女儿坐在第一排，以此来培养她的领袖气质。

入学以后，当看着同学们自由地玩耍和嬉戏时，玛格丽特就心生羡慕，羡慕他们一起上街玩耍、一起玩游戏、一起骑自行车、一起在周末前往山坡上野餐。终于有一天，玛格丽特按捺不住自己，将这个想法告诉了父亲，并希望得到父亲的支持，与同学们在一起玩乐。可是，事实却给了她重重的一击，父亲沉着脸，严厉地对她说："我亲爱的孩子，你必须有自己的主见！你不能因为别人在做什么事情就要去学着做。你应该去做一些不同的事情，要自己决定该做什么，而不是随波逐流。"

听完父亲的这番话，玛格丽特默默地低下了头，不说话了。看到女儿一脸的失望，父亲继续对她说："宝贝，爸爸并不是要限制你的自由，而是要让你有自己的判断力和独立的思想。你知道吗？现在正是你学习知识的大好时光，如果你想和普通人一样，沉迷于玩乐，那长大后又有什么成就呢？不过爸爸相信你，相信你会做出正确的决定。"

这时，玛格丽特心里想："没错，我为什么要学别人呢？我有自己的事要做，刚买回来的书我还没看完呢！我应该抓紧时间学习才是。"于是，她丢掉了想要去玩乐的想法，而是在书海中遨游着。或许是父亲严厉的教导和严格的要求，才使一个普通的女孩玛格丽特成长为一个叱咤风云的政治家——撒切尔夫人。

撒切尔夫人，不仅是欧洲历史上第一位女首相，还是人们眼中的“铁娘子”。在重大的国际和国内问题上，她立场坚定，做事果断，令许多政治上的官员佩服和汗颜。在被选为首相时，撒切尔夫人这样说道：父亲的教诲是我信仰的基础，我在那个家境一般的环境中所学习和培养到的自信和独立，正是我获选胜利的武器之一。

从撒切尔夫人接受的教育方式来看，父教对女儿的影响是必然的和积极向上的。在美国的一项研究中，结果显示：那些站在总裁位置上的成功女性们，她们的成功与父亲有着非常紧密的联系。著名人类学家玛格丽特·米德在自传中也说过：“父亲教我思考的重要性以及保持个人目标的重要性……对女性来说，既致力于纯粹的善又致力于纯粹的智力活动是无可厚非的……这些都是父亲教给我的。”

如果父亲也想拥有这样的一个独立、有主见、自信、积极的女儿，那一定要在孩子很小的时候，就去培养。

优秀的父亲能够让女儿真正认识到自己，不受外界不良风气的影响，不随波逐流，从而成就女儿的辉煌人生。

父亲是孩子的自制力之源

动不动就大发脾气、挑三拣四、大吵大闹、蛮横不讲理、父母说东他朝西……这些问题让父母头疼不已。

在生活中，像这样的孩子比比皆是，总是不懂得如何控制自己、支配自己的行为。也就是说，孩子有这样的现象就是缺乏自制力的表现。

什么是自制力？自制力是指人能够有效地、合理地控制自己的情绪和行为，是坚强的重要标志。

罗斯·派克在《父亲的角色》一书中指出，父教的缺失，会让男孩的自制力缺失。他指出，研究员给男孩们派发一些糖果，并给他们两种选择，一是马上吃掉糖果，可以得到一小块糖果；二是等几天之后再吃，可以等到一大块糖果。研究证明，父教缺失的男孩子们更倾向于马上吃掉糖果，以此得到心理上的满足。

那么，如何教会孩子具有自制力呢？下面的父亲为我们做了一个示范：

在一个村庄里，有一个男孩，是出了名的脾气暴躁。为了教他克服自己的不良情绪，教他具有自制力，父亲想出了一个办法。

一天，父亲把男孩叫到一面墙壁面前，说："孩子，我知道你的脾气有些暴躁。当然了，这并不是你希望的。可是，你的这种坏情绪会影响到别人。现在，我教给你一个方法，那就是当你想要发脾气时，就在这面墙壁上按上一枚图钉。"接着，父亲给了男孩一盒图钉。

一个星期过去了，墙壁上被按上了密密麻麻的图钉。在某天晚上，父亲指着墙壁上的图钉对男孩说："孩子，现在你看到自己的坏脾气了吗？"

男孩不好意思地低下了头。

父亲又说："我再教给你一个办法，那就是当你在一天中没有想要发脾气时，就从墙壁上拔下一枚图钉。"

在父亲的建议下，男孩照做了。第一天，男孩坚持不住还是发了脾气；第二天，男孩克制了自己的坏脾气；第三天，男孩已经没有再刻意控制了，而是不发脾气了；第四天，男孩从墙上拔下了一枚图钉。

很快，一个月过去了，而墙壁上的图钉也被拔干净了。这天晚上，父亲把男孩叫到了墙壁前，语重心长地说："看，孩子！现在你已经学会如何控制自己的脾气了！我真为你高兴。可是，虽然墙上的图钉被你拔掉了，但是墙上已经有了伤痕。当你发脾气时，不管是有意的还是无意的都会给他人带来伤害。"

听到这里，男孩惭愧地低下了头。从那以后，男孩再也没有发过脾气了。

故事中的父亲做得非常好，他没有直接去指责孩子的不良行为，而是通过在墙上按图钉的方式来告诉孩子一个道理，那就是当你发脾气时，就对别人造成了一定的伤害。看到这里，有的父亲就要问了：难道我也要教孩子按图钉吗？当然不是，虽然按图钉是一个很好的方法，但不是对每个孩子都管用。事实上，在孩子很小的时候就应该灌输自制力这方面的教育，而不是等到孩子有了不良的行为后，才去纠正。为了配合父母培养孩子的自制力，教育专家提出了以下几点建议：

父亲要为孩子树立好的榜样

幼小的孩子不懂得分辨好坏行为，只能从父母的身上去学、去模仿。在这个时候，父亲的行为对教育孩子有着至关重要的榜样作用。

不让电子产品中的暴力影响孩子

现在的电子产品已经融入人们的衣食住行了，很多父亲喜欢玩电子游戏，而孩子也会学着父亲的样子做着一个"小网民"。当孩子在学习如何使用电子产品时，父亲要在身边监督，一旦电影或游戏中出现暴力影响或不适合小孩子看的东西，就要立即制止。

不要用钱来衡量

在生活中，有很多父亲会实施这种方法，比如：孩子上课好好听讲，学习成绩提高，就会给予一些金钱的奖励；孩子不哭闹，不蛮横无理，就会给予一定的报酬……时间一长，当金钱的报酬没有之后，孩子的“自制力”也随之消失。

缺失父爱的孩子，容易走向犯罪

为了给孩子创造更好的物质条件和学习环境，父亲纷纷投入到“先忙事业后顾孩子”的事业中，把孩子“扔”给妻子或老人。在他们的眼里，这种行为对自己的家庭来说是最好的教育和奋斗模式。

其实不然，美国著名心理学家经过调查发现：在缺乏父爱的情况下，孩子的情感有着很多障碍，如焦虑、任性、多动、孤独、依赖、不喜欢交际、感情冷漠、自制力弱、攻击性强；在青春期，可能会出现逃学、偷盗、早恋、暴力，甚至走向犯罪。而他们的这种状况就被称为“缺乏父爱综合征”。在成年以后，这些患有“缺乏父爱综合征”的孩子比其他孩子更容易出现神经质、精神病、人格障碍、犯罪、自杀等，甚至还有可能影响到他们今后的婚姻。

很多心理学家和教育专家表示赞同这个调查结果：著名心理学家威廉·波拉克说，在控制自己的情感方面，父爱起着关键的作用。如果没有父爱的指导和监督，孩子所遭受的挫折就会转变为一种暴力行为；著名心理学家格尔迪说，父爱是一种独特的存在，对培养孩子是一种潜在的力量；著名婚姻与子女教育专家约瑟·D. 麦道卫也指出：缺乏父爱的男孩更容易成长为一个危险的男人。

有这样一个故事，发生在 2002 年：

为了“研究黑熊嗅觉是否灵敏”，有一陌生男子两次用火碱和硫酸伤害北京动物园的 5 头熊。经过调查后发现，该男子是清华大学的大四学生。他的这种可恶行径不仅受到了法律的制裁，还被清华大学给予留校察看的处分。

很快，“伤熊事件”就在社会上引起了轩然大波，并引来了众多人的猜疑和怒骂。不过就在此时，人们知道了他身上还有这样一个故事：该学生刘某生活在单亲家庭，从小跟妈妈相依为命。

据刘某说，在他 3 岁那年，父母就因婚姻出现问题而离婚。虽然和爸爸离得不算远，但从来没有来往过。对于儿子的行为，李妈妈认为与儿子缺乏父爱有关系。

的确，母爱是伟大的，却不能代替父爱。父爱是独一无二的，是男孩内心最迫切、最渴望得到的爱。在缺失父爱的情况下，孩子缺乏在纪律上的教育和监督，缺乏学习如何做男人的机会。在男孩的心目中，渴望身边有一个强健而幽默的、粗犷而温和的、自信而智慧的男人陪伴左右，并学习真正的“男人气”。如果能够与父亲待在一起，那就能够建立对周围的安全感与自信，从父亲那里学会做一个真正的男人。

李开复博士曾说，父母是孩子的第一个偶像。对于大多数孩子来说，父母的影响力通常不是看他们说什么，而是看他们做什么！在我的心目中，父亲就是道德和正义的化身，给我留下经久不褪的烙印。父亲留给我的遗产就是——有容德乃大，无求品自高。渐渐地，我明白了，父亲是在用自己为儿子做榜样，用一种无声的权威指引儿子的未来。

由此可见，父爱对孩子来说就是一个“补钙”的作用，如果缺失了“钙”，那孩子怎么会健康起来呢？要知道，在一个完整的家庭中，不仅要有母亲那细腻温柔的情感，还要有父亲那刚强的意志和陪伴，才能够养育出一个健康的孩子，而非“缺钙”的孩子。

父教能够弥补母爱的不足

如果把母亲的教育比喻成“滴水穿石”的话，那么父亲的教育就可以称得上“点石成金”。事实上，在孩子成长的过程中，孩子对父教会更敏感。好的父教可以开创一片新天地，让孩子懂得探索新领域和男性的力量。而这些正是母亲教育的薄弱环节。

虽然母教有着父教所没有的细心、细致、细腻、宽容，但缺少父亲粗犷、豪迈、大气、勇敢的男人形象。因此，可以说父亲和母亲的教育方式存在着天然的差异，也就是这种差异，使父亲更趋于理性，而母亲则更偏向感性；父亲相对宏观一些，而母亲相对微观一些。

可以说，现如今的社会就是一个以“母教”为主的社会，是一种女性化教育：从婴儿时期的母亲喂养、照料；上幼儿园接受女教师的教育；小学初中也是女老师居多……在这样的情况下，男孩完全陷入了一个“女人国”，从而变得多愁善感、性格懦弱、胆小怕事、性格孤僻、自卑等，完全没有一点儿阳刚之气。要知道，只成为孩子成长的经济依靠，是远远不够的。

在这样不平衡的父教和母教中，毫无疑问地会影响到孩子的处世方式和判断力。在长期的感性教育下，孩子明白是非的能力和判断力就会下降；而在长期的理性教育下，孩子就会变得更有权威感、纪律感、约束感。与此同时，父亲相对果断、坚毅的气质也会让孩子感受到力量、支持和安全感等。这么说来，父教和母教都有着一定的优缺点，那么父教的优势到底在哪里呢？我们接着往下看：

父教有着比母教更强的目的性

如果想要培养孩子某些品质和才能，父亲一定会事先计划好，从而一步步发展；而母亲虽然对孩子有一定的期望，但缺乏计划性，往往任由孩子“自由发展”。

父亲的知识面一般比母亲广

由于父亲的视角和工作环境的不同，父亲会告诉孩子一些母亲所不知道的东西。比如：历史故事、社会新闻、各国新闻、民情风俗、英雄人物等。而母亲在这方面就比较弱一点，母亲大多生活在完美的童话世界中，或是衣食住行、柴米油盐中。

父教比母教更具有冒险精神

在生活中，父亲可能会让孩子参与修理简单家电、大胆学骑自行车、爬山、赛跑、游泳、攀岩、蹦极等运动。而母亲通常柔弱、胆小，为了不让孩子接触到任何危险，从而不让孩子去参与这些活动，剥夺了男孩的一些乐趣。如果是女孩的话，那就缺少了一些勇敢的品质。

父亲比母亲的逻辑思维、创造力、想象力强

一般来说，父亲会和孩子变着花样玩游戏，既能满足孩子的不同爱好和需要，也能激发孩子的想象力和动手实践能力。此外，有了父亲的陪伴和指导，孩子的积极性和安全性会更高一些。在玩乐的过程中，孩子的身心也能够得到一定的锻炼。

父亲比母亲的社交能力强

父亲在做事上有着一定的坚持忍耐，能给孩子起到一个榜样作用；经常和父亲在一起，会接触到更多的人群，会遇到形形色色的人，在人际交往中也会形成自己的规则和原则。

父教能够避免母亲的溺爱

一项研究表明：在青少年时期，父亲不仅能给孩子提供更多自主性的支持，还能促进青少年独立性的发展。而一位溺爱孩子的母亲，正是因为父亲的失职，想要弥补孩子所缺失的情感，才会用加倍的母爱去对待孩子，这也往往导致一些不良的后果。加上父教的不足或缺失有可能导致母教过于强大和对孩子的溺爱越来越严重。此时，父教的出现就是将孩子从被溺爱中解救出来，走向健康的道路。

父教能够纠正母教的极端行为

在家庭教育中，父教与母教作为一种有效的平衡与纠偏机制存在，可以阴阳互补。一般说来，母亲管吃穿多，而父亲对孩子的思想、个性和学习管教多。此时，父教就要弥补母教的不足，纠正偏向，不让母爱变得极端起来，要让父教与母教完美地结合，教育出一个拥有良好品质和性格的孩子。

第二章

好孩子：三分天注定，七分靠教育

不吼不叫的父教真理

作为父亲，你经常会为管教孩子而束手无策吗？你经常会为管教孩子而大吼大叫吗？当你以粗暴的方式来教育孩子时，孩子又是什么反应呢？是左耳朵进右耳朵出还是置之不理，或者是保持一种沉默的态度？

在父亲和孩子都出现以上情况时，那亲情就出现危机了。作为家长应该指引孩子，而不是在孩子站在岔路口或迷茫时，予以语言打击和使用粗暴行为。

有这样一个故事：

在 2010 年 6 月 11 日，发生了一件令人揪心的事情，为许多父母敲响了教育孩子的警钟。这天，刘先生拿到了儿子的期末成绩，脾气一下子就上来了，对儿子拳打脚踢。

没过多久，恨铁不成钢的刘先生再次对儿子实施了暴力，不仅用皮带抽打，还用凳子腿打，儿子的呼喊也没让他停止。那天夜里，儿子就喊着说自己肚子疼，刘先生看到儿子面色苍白，赶紧将儿子送往医院。在一番检查和抢救后，儿子还是失去了宝贵的生命。由于儿子身上有很多瘀斑，属于非正常死亡。于是，医护人员当即选择了报警。被警察带走的刘先生痛不欲生，没想到自己的愤怒却换走了儿子的性命。

看到这个故事，我们不由得伤心落泪。都说父爱如山，父爱是默默无闻的，父亲是对孩子影响最大的那个人。虽然父亲都想要孩子变成一个了不起的人，不同于普通人的人，但心急吃不了热豆腐。不经过时间的打磨，再好的玉也会沉埋在土地下。

为了避免不幸再次发生，请参考以下五点，即使这五点并不能让一个学习差的、调皮捣蛋的孩子立即变好，但可以让大吼大叫的父亲变得不吼不叫，懂得更多的教育真理，并运用爱心和耐心，激发出孩子的优秀品质和兴趣。

父亲要说到做到

说到做到是指言行要一致，说过的话一定要用行动表现出来，从而使人信任。如果说到却做不到的话，那么孩子就会效仿这种行为，成为一个投机主义者。当犯了错误时，父亲选择逃避或其他行为来解决，那么孩子在以后的错误中也会这样。

那么如何才能做到说到做到呢?

当孩子犯了错时，不要说“不能有下一次”，这样只会让孩子再一次犯同样的错误……父母们要用恰当的方式去惩罚他，而不是让他存在一丝的侥幸心理。在孩子懂事之后，要给孩子讲一些什么是该做的，什么是不该做的。当然了，有很多父母都控制不住自己，一旦孩子犯了错或者哭闹，脾气就像火一样燃烧了起来。

此时，父亲一定要记住：说话之前请三思。而父亲所使用的语气和措辞不同，效果也会有很大差别。比如:“你不能这样做！”和“我很爱你，孩子！但是你的行为我不喜欢，也不能接受！”

瞧，想要表达的意思一样，但换种口吻说，后者更容易被孩子所接受，而前者却多了一些生硬和命令的口气。虽然父母是比较高的位置，但别忘记了，孩子可不甘心俯首称臣。所以说，父亲要提前把生活中的“准则”告诉孩子，并从头到尾贯彻到底，说到做到，这样才能在孩子的面前树立起威信和威严。

与其大吼大叫，不如时常赞赏孩子

在教育子女的过程中，不仅要给予孩子正确的引导，还要时不时地赞赏孩子。如果只顾着大吼大叫，那孩子也会自创一套方法对付你。

在生活中，有很多孩子会在别人不理他的时候，大声哭闹；在别人说笑而忽略他的时候，突然摔碎东西；抢了小朋友玩具的时候，高兴地向父亲炫耀自己的战利品……

或许，你可以这样想：孩子只是想引起你的注意。因此，当孩子把一件事做得很好时，父亲可以多给孩子一些鼓励和赞许。比如：在孩子有礼貌地称长辈为“您”时，不必大惊小怪，夸大其词地夸奖，只要简单地说句“你很有礼貌”；在孩子穿上自己洗干净的衣服时，你可以赞扬他:“你真棒！你的衣服看起来整洁极了！相信会有很多小朋友愿意和你玩……”这样的话，孩子就会知道什么样的行为能获得赞许，什么样的行为会获得批评。

在这里，还需要提醒父亲的是：表扬就是表扬，不要在表扬里添加一些不好的词汇。比如：当孩子把房间收拾得很干净的时候，父亲却说了一句——如果你的房间天天都这么干净的话就好了；当孩子比上次的考试成绩高了 10 分时，父亲却说了一句——如果下次能考 100 分，那我就不操心了。像类似这样表扬的话，在孩子的眼里，却是一盆盆冷水。

父亲要控制好自己的脾气

有多少父亲能够理直气壮地说：我在教育孩子的过程中，从来没有大吼大叫过，从来没有因为孩子的某些行为变得粗暴过。

相信没有多少父亲能够站出来！由于父亲不如母亲心思细腻，只知道自己所做的都是为了孩子好，打着“一切为孩子”的旗帜，却伤害了孩子那幼小的心灵。当孩子一旦习惯了父亲的这种方式后，就会把父亲那苦口婆心的话当作耳边风。

因此，父亲只有用冷静和理智的头脑，才能使孩子感觉到公平、尊重，从而愿意被教导和领导。当父亲想要对孩子发脾气的时候，试试数数字的方法——从1数到10，借以缓解自己的火暴脾气。或者，先憋住火气，离开一会儿，不要和孩子正面交战，等恢复理智以后再冷静分析和指出错误，这样不仅会让孩子心服口服，也会让孩子提高自觉性。

奖惩得当

给孩子提出一些要求，并向他解释缘由，看情况实施惩罚或奖励，从而让孩子养成一种良好习惯。比如，在经过冰激凌店时，父亲可以对孩子说：今天你表现很不错，我想请你吃冰激凌。可以吗？而当孩子欺负其他小朋友时，父亲可以惩罚孩子晚上不能看动画片。慢慢地，孩子就会知道，什么样的行为会得到奖励，父母会喜欢自己，而不好的行为就会得到惩罚，让父母生气。

培养孩子正确的价值观

我们都知道，一位有魅力的男士或女士都具备着一些优良品质，比如诚实、尊重他人、宽容、慷慨等。如果想让孩子具备这些品质，那就要从小教育孩子学习这些品质。

现在的孩子被外界大量不好的信息所影响——互相攀比、说谎等，为了避免孩子在良莠不齐的社会中迷失方向，父亲应该把这些品质排列好顺序，一一向孩子传递信息，让孩子在慢慢接受的过程中，逐渐演变成自己的价值观。

让孩子的话语有逻辑

在孩子学说话的早期，往往说不清自己想表达的意思，有时候只会蹦出一两个词，而没有耐心的父亲就赶紧补全这句话，试图揣摩孩子的意思。如果揣摩对了，孩子高兴了，父亲也高兴了。如果揣摩不对，迎来的将是一片哭喊声和哄孩子的声音。实际上，父亲这样的做法却剥夺了孩子获得逻辑思维语言的机会，让孩子变得不会说话或话说不全。

有这样一个故事：

一个 4 岁多的孩子，由于语言词汇量比同龄孩子少，而且语言表达能力也差，说不完整。于是，气愤的父亲来到了幼儿园，向幼儿园反映这一情况，希望老师给自己一个解释并找出解决问题的方法。幼儿园老师思索了一会儿，问："您家里是不是请了保姆？"

父亲感到很诧异，但还是回答了"是"。

接着，老师又问："保姆的普通话讲得不好吧？"

父亲随意点了点头。

老师微微叹了一口气说："您的孩子语言表达能力不好的原因，就是因为保姆的普通话讲得不好，建议您换一个普通话讲得好一些的保姆……"

这时，父亲才恍然大悟：真是一语惊醒梦中人啊！

现如今，有很多人因为工作忙碌，把孩子丢给了保姆，由保姆一天24小时照顾孩子。可是孩子在幼儿阶段，正是学说话的时候，在一个普通话不好的启蒙老师面前，孩子又怎么能学好说话呢？故事中的老师并没有与生气的家长争吵，而是理性地分析了孩子出现问题的根本原因，这样才避免了一场矛盾的发生。

因此，为了增加孩子的词汇量，让话语有逻辑，父母们应该多陪陪孩子，让孩子在学习阶段有一个良好的启蒙。下面，为大家罗列了一些办法以供参考：

给孩子一些提示

当父母与孩子在一起玩的时候，要有目的性地玩，让孩子在玩的过程中，学会独立思考，找出恰当的词语来表述自己的心中所想。比如：当孩子讲故事的时候，总会说些“从前，有个……”或者“古时候，有个叫马良的人……”接着，就不知道如何往下接了。这时，父亲就应该给孩子一些提示：“马良是干什么的？”“画画的！”“画的什么？画得好吗？人称什么……”这样一来，孩子就会在不断的提示中，讲出一个完整的故事，这不仅可以提高孩子的语言表达能力，还能锻炼孩子的智力，加深印象。

有个叫“你说我猜”的游戏

“你说我猜”的目的就是让孩子把想到的东西，用肢体语言表现出来或当父亲用肢体语言表达的时候，孩子能够猜出来，谁能快速猜到或准确地猜到，那谁就是获胜者。当孩子猜到了，父亲就应该给予奖励。这样的游戏可以将孩子的思维能力与语言表达能力巧妙地结合起来。

让孩子参加演讲、辩论等比赛

为了丰富学生的课余生活，有很多中小学都会经常举办一些演讲比赛、讲书比赛、辩论赛等活动，这时父亲就要多鼓励孩子参加这些比赛。在人多的场合说话，不仅能锻炼孩子的语言表达能力，还能锻炼孩子的心理素质。

用图书丰富孩子的视野

在周末或假期中，父亲可以买一些中外名著给孩子；可以看一些社会新闻、国家新闻；听一些广播，了解生活中的事件，让孩子多掌握一些生活素材，掌握多种语言词句。

让孩子有顺序地描述事物

在生活或学习中，父亲可以引导孩子从里到外介绍自己的房间，介绍厨房的外观等。比如：让孩子讲讲卧室的布局，里面有什么东西；桌子上面放着什么，都有什么作用；柜子里放着什么，有什么用途；床旁边放着什么玩具和玩偶，分别是什么……这样的练习可以帮助孩子掌握方位词。

让孩子学习一些关联词

因为……所以……（让孩子介绍一下自己喜欢的玩具和书籍，并说出为什么喜欢。）

虽然……但是……（孩子非常喜欢一种东西，但是这种东西是孩子所没有的。让孩子说出令自己比较遗憾的小物件。）

从大到小的认识

在教育孩子学习语言逻辑能力时，可以按照从大到小的顺序，让他明白每个大的名称都是由一个个小的名称汇总而来。比如：玩具——男孩的玩具和女孩的玩具——变形金刚、奥特曼、四驱车、喜羊羊和毛绒玩具、芭比娃娃等；动物——哺乳动物、爬行动物、软体动物——小狗、蛇、羊、猪、鸟等。这样的归类法，让孩子更容易记忆和使用。

让孩子建立时间概念

在孩子的世界中，时间观念是模糊的。因此，掌握一些表示时间的词语，是很有必要的。比如："在……之前""立即""马上""几分钟后”……当孩子了解这些词语的真正含义后，或许会变得规矩些，说话也更有逻辑性。

引导孩子主动承认自己的错误

英国生物学家达尔文说过：“任何改正都是进步。”德国著名作家歌德也说过：“最大的幸福就是我们的缺点能得到纠正和错误能得到补救。”或许只有这样的信心和谦逊，才能够使人们在今后的生活中少犯错误。或许只有敢于承认错误、吸取教训的人，才能够以全新的态度和精神面貌去迎接更激烈的挑战！

其实无论是在生活还是学习中，抑或是在家庭教育中，父亲都应该教导孩子知错就改，勇于承认自己的过失和错误，这样才会使孩子进步得更快。

有这样一个故事：

在嘟嘟 5 岁时，爸爸送给他一架漂亮的飞机模型。一天，他拿着飞机模型在房间跑来跑去的时候，一下子撞翻了爸爸的珍藏版模型车。这下可惨了！嘟嘟嘴里嘟囔着。正当他准备把这些碎片扔进垃圾桶时，爸爸推门进来了。

当看见自己最宝贵的东西被摔碎时，火气一下子就冒了上来：“谁让你碰的！”

“爸爸，我……”

“我什么我，我说过多少遍了！不让你碰这个模型，你还碰！”

“对……”嘟嘟的话还没说完，爸爸就抬起手朝嘟嘟的屁股上打去，一边打还一边说：“让你调皮！你今天不把事情说清楚，我就没收你的飞机！”

嘟嘟哇地一声哭了出来，还咬了爸爸的手一口。

“你还哭？你委屈什么？你今天必须向我道歉，承认你的错误！”

当爸爸说出这么狠的话时，嘟嘟却执拗地说了句："我没有错！"

类似于这样的情况，相信很多家庭都发生过。虽然孩子真的错了，但他为什么不肯承认错误，并加以改正呢？事实上，嘟嘟的执拗，不肯认错也是有原因的，比如父亲的粗暴行为、父亲不肯听嘟嘟的解释……这都是导致父子矛盾升级的导火线。

如果父亲换一种方式，先听听孩子的歉意，再做决定也不迟。如果能够挽回，作为父亲就尽量挽回，如果不能挽回，那么父亲就当给孩子上了一课吧！下面，我们再看看另外一个故事，相信我们会明白很多：

一次，父亲带着儿子小威特去许久不见的朋友家做客，懂事的小威特深受大家的喜爱，并与朋友家的小朋友玩得很开心。

突然，一阵花瓶的破碎声让原本喧闹的房间变得安静起来。朋友问玩闹的小朋友："是谁打碎了花瓶？"小威特怕受主人家的批评，便跟其他孩子一起说："不是我！"然而，父亲早已猜到花瓶是小威特打碎的，因为他在家里特别淘气，经常发生类似的事情。可是小威特这次并没有主动承认错误，要知道他从来没有撒过谎。

于是，父亲也就不再说什么了。回家的路上，父亲一直在给小威特讲关于诚实守信的故事，试图让他主动承认打碎花瓶的错误。看得出来，小威特的内心已经在挣扎了。

终于在某天早上，小威特失声痛哭，他抽泣着告诉爸爸："我欺骗了你们……其实，花瓶是我打碎的！对不起，是我说谎了。"

听到小威特承认了错误，父亲安慰他说："孩子，我知道你是个诚实的孩子。当时我不拆穿你，是因为我相信你会告诉我原因的。"小威特眼冒泪花地问父亲："那，您的朋友会原谅我吗？我不是个好孩子。"

"不，亲爱的。你是个好孩子。如果你写封信承认错误，并寄给我的朋友，相信他一定会原谅你的。"在父亲的指导下，小威特给父亲的朋友写了一封诚恳的信，承认了自己的错误，并说了对不起。

故事中的小威特虽然犯了错，但父亲却没有直接拆穿他，而是让愧疚和不安折磨他，从而让他认识到自己的错误。相比那种粗暴的方式，这种平和的方式更能教诲孩子。

其实，在家庭教育中，孩子犯错是非常常见的现象，而且有很多孩子在做错事情后，不知道错在哪里或明知道自己的错误却不承认；为自己的错误找借口或答应以后不再犯，却没有什么实际行动……为了解决这些问题，教育专家卡尔·威特提供了以下几条建议：

让孩子认识到自己的错误

有时候，孩子不肯认错，可能是因为还不太清楚自己错在哪里。要知道，年幼孩子的是非概念还不是很明确。所以，在孩子犯了错时，父亲首先要做的就是耐心地指出孩子的错误，告诉孩子为什么是错误的，错在哪里，这样的后果是什么。只有当孩子清楚地知道这些，才会加以改正。

不要谎言

孩子一做错事，就用各种谎言来逃避。此时，父亲应该让孩子明白：谎言并不能解决任何问题，而只会让错误积累。

生硬的语言和暴力行为不仅不会让孩子变得好起来，还会让孩子厌恶并远离父亲，从而导致父子或父女之间的关系出现裂痕。父亲要试着换位思考，并根据孩子的理解水平，指出他的错误。告诉他：由于他的错误破坏了规定或伤害了别人，强调他必须对自己的行为负责任，并采取补救措施，力求让他做一个诚实的孩子。

不能一味地批评

当孩子做错事时，父亲要及时指出他的错误，并让他及时改正。而不是在孩子犯错误时，一味地批评和指责孩子，这样容易让孩子产生逆反心理。有的父亲在当时批评孩子，但事后又后悔了。如果真的是父亲的错，那父亲就应该向孩子道歉，为孩子做出一个好的榜样，从而让孩子学习这种知错就改的行为。

要宽容孩子的错误

有的孩子不愿意承认错误，还有一个原因：父亲的惩罚过于严厉。受到过父亲的严厉惩罚，在犯错误之后首先想到的是：天啊，完了，父亲要揍我了！为了不被父亲严惩，孩子就拒绝承认错误。这时，父亲就应该宽容地对待孩子的错误，对孩子动之以情，晓之以理，并让孩子知道：不是恶意的、不是故意或不小心犯下的错误值得宽容和原谅；而恶意的、故意的错误就必须接受惩罚。

实施早教，要抓住关键

经常会听到或看到家底殷实的父母用金钱把孩子送进高中或大学，他们慷慨地拿几万甚至几十万就为给孩子买张文凭，却很少听到或看到家底殷实的父母用重金聘请优秀的高级教师对孩子进行早期教育……家长这样的做法其实是本末倒置的，如果早期教育没有做好的话，那孩子不管怎样做，各方面素质都会差一些，即使用大量的金钱买到一张文凭，对孩子今后成才也是有百害而无一利的。可以说，孩子相当于戴着一顶“冒牌货”的帽子。相反，如果父亲愿意在孩子的早教上花些心思，那就用不着为孩子买张昂贵的文凭了。

根据美国PAT机构的理论，孩子从0岁到3岁是脑部发育和变化最迅速的阶段。在3岁时，孩子的脑体积相当于成人脑体积的80%，他们会把自己听到、看到的东西无条件地吸收，然后转化成自己的一部分。

看张先生对儿子是如何进行早教的：

儿子的好奇心

张先生的儿子快一岁时，对周围的事物充满了好奇心，尤其是对饮水机的开关感到好奇。只要大人一离开，儿子就会在学步车里来回走动，去按饮水机的开关。于是，妻子总会一步不离地看着儿子。在几次提心吊胆后，张先生想：与其这样操心地看着，不如让儿子去按——如果按到凉水那倒没什么，如果按到热水只会被烫一下，也不算是特别大的危险。结果没多久，儿子按了热水开关，并将手立即缩了回来，还好没有烫伤。有过“惨痛”教训的儿子，再也没有去触摸饮水机开关了。事后，张先生对儿子说明了为什么要阻止他去触碰饮水机开关的原因。不要以为一岁的小孩不懂，其实他们会明白的。

关于电

张先生的儿子快要两岁时，不知道怎么对电产生了兴趣。他不知道为什么只要一插上电，电视里就会出现唱歌的、跳舞的，还有说话的人；不知道为什么一插上电，冰箱里的东西就不会坏；不知道为什么夏天一开空调就会吹出凉爽的风；不知道在漆黑的夜晚，为什么一插上电，灯就亮了，所有的东西都能看得一清二楚……好吧，张先生的儿子实在是太好学了。当儿子试图去触摸插座，想要一探究竟的时候，张先生走过来，对他说：墙上的孔里有很多很多电，是电视机、冰箱、灯、空调、饮水机等都需要的。在插插头的时候，一定要拿着后面的塑料部分，如果拿了前面的两片金属，就会触电，会死的！而且手湿的时候，也不能去触摸插座，轻的话手臂会感觉到发麻，重的话就会死掉，就会再也看不到爸爸妈妈了。

听到爸爸这样说，虽然幼小的儿子还不是特别理解，却对死感到恐惧，对见不到爸爸妈妈这件事比较抗拒。后来，张先生的儿子渐渐对电不感兴趣了。

独自过马路

儿子三岁半时，已经上了幼儿园。一天，张先生想要测试一下儿子，便对儿子说：今天太忙了，没空送他上学，希望他能够独自上学。在简单地说明了“红灯停，绿灯行，黄灯亮了等一等”的简单规则后，儿子高兴地背着书包上学去了。其实家离幼儿园并不远，有三个红绿灯，而且红绿灯之间的距离还很短。

儿子刚一出门，张先生就简单地伪装了一下，戴上帽子和墨镜跟在儿子后面，看他如何走到学校去。只见，在每个红绿灯那儿，儿子都会默念着“红灯停，绿灯行，黄灯亮了等一等”的口诀，不仅这样，还在绿灯时确定没有任何车辆经过后，才会通过。

张先生总是隔三岔五地说没空，让儿子享受独立的感觉。现在，张先生的儿子已经可以独自上学了。

孩子赌气不吃饭

一天，儿子没有得到自己喜欢的玩具，便赌气不吃饭。看到儿子这副样子，张先生开玩笑地说：你要是不吃饭的话，那你一整天都不可以吃别的东西，零食也不行。儿子听后有些心虚，赶紧说：我不是不吃，我是现在不吃。张先生继续说道：要么现在吃，要么明天吃，没有第三个选择。于是，儿子只得赌气说不吃了。

看着儿子生气地坐在沙发上，张先生和妻子开玩笑说：怎么有这么傻的人，居然拿饿肚子来要挟别人，不吃饭饿的是自己，又不是别人，哈哈……后来，儿子再也没有拿不吃饭来赌气了。

从张先生的早教中，我们可以看出：早教不仅是智力教育，还是意志、品德和气概的综合教育。因此，父亲不要错过孩子智力开发的黄金期和失去孩子成才的机会。

逼迫对孩子的学习和成长没有任何帮助

在生活中，有这样的两种父亲：一种是事业型父亲，害怕别人在背后指指点点，说一些“钱赚再多有什么用？孩子变成那副德行，也不好好管管”之类的话；另一种是家庭主夫型父亲，也害怕别人在背后指指点点，说一些“作为一个父亲，真没用！让女人出去赚钱，自己在家里养孩子……养出的孩子成绩还那么差”之类的话。

在这两种极端观念中，事业型父亲和家庭主夫型父亲便找到了同一战线——逼迫孩子学习，生怕孩子在教育程度上落后于人。可是这样的做法，很容易对孩子造成一些负担和恐惧感。

其实，对于健康成长中的孩子而言，最重要的不是比别人多认识几个字，或是有着优秀的家庭教师，而是需要一种舒适、安稳的心理状态。如果总是带着不安和烦恼上学，那无疑会让孩子无法集中精神，并会对今后的学习产生难以弥补的影响。因此，父亲不应该一味强迫孩子学习，而应该了解孩子对什么事物感兴趣，并带他进入相关领域体验，从而正确地引导孩子对学习产生积极性。

希望下面这位父亲的所见所闻，能给我们一些启示：

儿子 4 岁那年，我们全家来到了美国。在这里，我留下了一段段美好的回忆，尤其是关于孩子的教育问题，让我对美国教育有了亲身的体会和感悟。

我的邻居威特先生，是一位出色的幼儿园老师。在他的介绍下，我儿子顺利入学了。可能是因为威特先生的孩子也在这所幼儿园，我对他有一种特别的感觉，是为人父的亲切感。

当父母们把孩子送到学校的时候，威特先生会蹲下来先征求孩子的意见：你愿意留下来吗？爸爸可以离开吗？当孩子点头同意后，他才会让父母们走。

接下来的日子，威特先生不仅给我做了一个好父亲的启示，也做了一个好老师应该做的事情。儿子刚入学那会儿，由于不懂英语，我很担心他会不会有交流问题？会不会交不到朋友？会不会受欺负？会不会……不过我的担心是多余的，因为儿子已经把威特先生当成了自己的父亲，并且每天都是开心的。

当我见到威特先生时，就会问起儿子的情况，威特先生总会说他很聪明也很机灵，没有任何问题。不久后，在一次家长与孩子的互动课上——在海边，我留意到，威特先生并没把儿子当成是特别需要照顾的孩子。在玩游戏的时候，威特先生也没有要求所有孩子都跟上来一起玩。或许正是这种教育方式，让每个孩子都觉得很自在，就连一句英文都听不懂的儿子，也玩得十分兴奋。

在一年的时间里，儿子已经学会了简单的英文，并能和孩子简单地交流了。上幼儿园大班时，他的书包总是空空的，从来没有见到什么书啊、本子啊、笔啊之类的东西，由于那些学习用具是学校免费提供的，所以不用带回家里。而且最令人奇怪的是，威特先生从来没有布置过家庭作业。

有一次儿子带回来一本书，说是威特先生让自己挑选的，而且什么时候看完都行，还了以后可以再借。在每本书的背后还附有小册子，上面有一些小朋友写下的感受或者画的画。

后来，儿子还挑选了一本叫《假如我是动物园的管理者》的书，书上说如果我是动物园的管理者，我不会让动物园和别的动物园一样，养着狮子呀、老虎呀！那太普通了！我会去养一些比较奇特的动物，比如脖子很长很长的，吃一口食物需要 3 个月的时间才能到达胃里的动物。哈！那真是了不起的想象力，在知识的熏陶和对事物的好奇心下，儿子自觉地养成了喜欢读书的好习惯。

通过和威特先生的接触，我发现他的教育秉承着一个原则，那就是：不逼迫孩子。无论是他的儿子还是我的儿子，抑或是其他的小朋友们，都非常喜欢这个威特父亲。因为在他的教育下，孩子们非常健康快乐，也喜欢学习。

看完这个故事，不由得欣慰起来。在年幼的时候，孩子如果能遇上像威特先生这样的父亲和老师，那该是多么有趣和幸福的一件事啊！无论是在学习还是成长中，不逼迫就是最大的动力和鼓励。幼儿园和小学阶段的教育，正是孩子们建立健康身心的关键时期。因此，父母的教育方式尤为重要。

也许有的家长会说：那是人家美国的教育方式！每个国家有每个国家的教育氛围，教育理念和方式肯定不同。当然了，文化差异是存在的，但每个父母爱孩子的心是不会改变的。如果想让孩子健康成长，那找到适合孩子的教育方式就很重要。如果孩子在逼迫下出现故意拖拖拉拉、故意让父母生气、不去上学、不喜欢学习等逆反心理，那可就糟糕了。

如果父亲希望孩子能够取得优异的学习成绩，首先要给予他们足够的关爱，使他们有个稳定的情绪。有了父母给予的足够的爱，孩子自然而然不会辜负父母的信任及期待。

第三章

不许失败的创业：中国式父教的七大硬伤

问题一：很少关心孩子的能力培养

在家庭教育中，很多父亲经常说的一句话就是：只要孩子学习成绩优秀，能够考上名牌中学、大学，我什么都愿意做。可结果却不令人满意，在父亲只对学习关心的同时，孩子在其他方面却差了一些，如独立性、动手能力、自理能力等。归结原因，就是父亲只关心孩子的学习成绩，却忽略了对其各方面能力的培养。

针对这一情况，某市用调查问卷的形式做了一个调查，调查的对象是各个年龄阶段、行业和不同地域的父母。最终调查结果显示：总体来说，家庭教育结构还算合理，家庭教育环境比较好，学习环境和教学设施也较好。但是唯一的问题就是，近半数父母只关心孩子的学习成绩，却忽略了对其健康人格的培养。

有三成父母认为：父母的主要任务就是帮助孩子提高学习成绩，只有学习成绩好才能上好的学校，从而获得一个美满的人生；有七成以上的父母认为：学校应该和父母配合，打造出一个学习成绩优异的佼佼者；五成父母愿意倾尽所有，为孩子置办出一个好的学习环境，使其走出一条辉煌大道……从父母的期望和意见来看，还是学习成绩超越一切。如果学习成绩不好的话，似乎没有什么值得高兴和期待的了。

接着，研究人员对已经做过问卷调查的父母的孩子做了另外一个调查，是针对自我管理能力和健康习惯的调查。调查结果显示，有八成的父母能够主动培养孩子的生活自理能力，九成以上的中小学生也能够参与到家庭劳动中，只是欠缺了主动性和积极性。

的确，如今的孩子大多是独生子女，是父母的掌上明珠，是老人的心肝宝贝。于是，就出现了事事包办的现象。他们认为：只要把什么事都做好了，孩子就能把心思都放在学习上。在这样的“呵护”下，就出现了太多的“小皇帝”“小公主”。他们在小的时候享受着锦衣玉食的生活，上大学后还会攒一堆脏衣服、脏袜子，周末带回家。当有人批评他们的这种行为时，他们便理直气壮地说：我学习那么累！我把全部的心思都用在了学习上，哪会干这些家务呢？

看到这里，我们不禁想：这些“小皇帝”“小公主”长大以后，要去择业或者创业，但是在这个时候，他们能经得住社会的考验和激烈的竞争吗？如果没有父母这根拐杖，孩子又能走多快、走多远呢？

要知道，孩子的成长和教育都是由诸多方面的影响形成的。如果父母只关心孩子的学习成绩，一定会给孩子在成长的道路上布下陷阱，从而影响孩子的人格发展。下面我们来看一下父母只关心学习，而不关心孩子的能力培养的危害：

会让孩子产生抵触情绪

每当孩子一放学或考试完，父母就迫不及待地问：作业完成了没有？考了多少分？有没有比上次进步？……可他们却从来没有想过，自己所问的问题会伤及孩子小小的自尊心。时间一长，孩子就会产生一种抵触情绪：哼！让你不关心我，只关心学习！那我就是不学习，让你再问！事实上，学习只是一种过程，是孩子成长必经的道路，学习成绩并不能代表一切。因此，父母在关心孩子学习成绩的时候，也应该多关注孩子的学习习惯、学习态度、学习困难等。

会让孩子产生厌学心理

在家庭教育中，有的父母做得“很好”，不仅关注孩子的学习方式，还关心孩子在学习方面的引导。孩子一碰到难题，父母就站出来耐心指导。周末时，还会给孩子报一些辅导班等，对孩子照顾得无微不至。可是，这样的学习环境和方式却让孩子快要喘不过气来，并且产生厌学心理。因此，父母要注意：在孩子需要学的时候就学，需要休息的时候就休息，要懂得劳逸结合和给予孩子童年的机会。

会导致孩子的能力发展不平衡

父母干预和“包办”的教育方式，会使孩子在成长过程中遭遇到很多问题，比如自理能力差、抗挫折能力低，有的孩子还会形成情感冷漠、内向孤僻等性格特点。虽然说，学生的职责就是学习，但这并不是说，孩子从进入学校的那一刻开始，学习就成为他唯一的目标和目的。一个人能够真正地在社会上立足，除了学习好外，还有很多方面，比如良好的生活习惯和人际交往能力、优秀品质等。

因此，父母们应该摒弃“一切都是为了学习”的宗旨，而要给孩子一定的自由空间。

问题二：很少关心孩子的心理健康

随着经济的发展和生活水平的提高，人们的压力也越来越大——快餐式的生活、工作方式以及学习方式让他们喘不过气来。大人是因为工作的压力，而孩子的压力却是来源于父母——只关心孩子的身体健康和学习成绩，却很少关心孩子的心理健康。要知道，无论多大的孩子，都渴望得到理解、尊重和关注，而父母的忽略可能会对孩子产生毁灭性的打击。

针对这一情况，世界卫生组织（WHO）给健康下了一个完整的定义。健康是指生理、心理及社会适应三个方面全部良好的一种状况，而不只是指健康的身体状况。可见，只有身体、心理和社会适应能力都健康，才能称得上真正的健康。对于年纪尚小的孩子来说，身体的健康固然重要，但心理上的健康同样不能忽视。

心理不健康的表现有以下几个方面。

情绪表现：恐惧、焦虑、不愿上学、容易生气、有敌意、想轻生（认为活着没有意思，情绪低落）等；

行为表现：喜欢独处、不愿意与他人接触、不爱说话、喜欢逃学、崇尚暴力行为等；

生理表现：暴饮暴食、睡眠质量差等；

南京东南大学附属中大医院儿科主任医师唐洪丽说过：一个人的心理健康并不是短时间形成的，而是需要从小培养的。作为父母不仅仅要关心孩子的健康问题、学习成绩、吃得好不好和睡得好不好等，还要注重孩子的心理发育和心理健康。唐洪丽主任医师还说：由于外界因素的影响，比如社会、父母、学校等，孩子会受到或多或少的影响，从而出现心理问题或障碍。

据有关调查结果显示：目前，我国儿童心理问题的发病率为12% ~ 16%，患有心理疾病的儿童占2% 左右。所以说，孩子的心理问题必须得到重视！在家庭生活中，有不少的孩子在幼儿期或学龄前期就已经出现了心理异常，由于孩子的表现比较轻微，父母就没有多加注意，而是认为那是孩子在使小性子。孩子渐渐长大一些后，孩子的心理问题影响了学习成绩，父母这才意识到问题的严重性。事实上，当孩子出现一些情绪、行为或生理方面的变化时，就可以看作心理求助信号。如果当孩子们长大，步入社会的时候再发现问题，那可就晚了啊！

有这样的一个故事：

吴鹏经过十多年的寒窗苦读，终于从一所名牌大学毕业。刚出校门的吴鹏意气风发，想要在社会上大展拳脚。幸运的是，没多久他就遇到了一个应聘机会——某大公司招聘一批基层管理人员。

这次招聘采取笔试与面试相结合的方式，报考的有数百人。自信的吴鹏想：我可是名牌大学毕业，而且成绩优异，我一定会被录取的。抱着这样的信念，吴鹏过关斩将。经过一个星期的测试后，成绩出来了——在应聘的数百人中，只有 10 名优秀的人才脱颖而出。

当吴鹏信心满满地看录取名单时，却发现自己不在里面。此时，一种挫败感油然而生，他一个这么优秀的人才，竟然没有引起这家大公司的注意，真是……

事实上，吴鹏早已被这家公司看中，只是计算机出现了一些小故障，致使他没有被列入前 10 位。当人力资源部的人员发现这一错误时，立即纠正——给吴鹏打电话，并补发录取通知单。可就在这时，一个不幸的消息传来：吴鹏因没有被录取而跳楼自杀了。

得知这个消息后，公司的领导和员工都摇摇头说："太可惜了！这么优秀的一位青年，却因为我们的错误丧失了生命……"

不过，公司的总裁却并不这样认为，他说："他的离去确实令人可惜！不管是对他还是对他的家人都是不幸的，可对我来说却只有愤怒和不悦。一个意志如此薄弱的人，怎么能承担起公司的重任呢？又怎么成大事呢？"

吴鹏由于是名校毕业生，成绩优异，便觉得自己是块金子，能够被人所发现。当然了，是金子总会发光的。可由于一次小小的错误，却导致吴鹏丧失了性命。可见，一个人良好的心理素质及社会适应能力是多么重要！在日常生活中，父母给孩子创造了良好的生活和学习环境，无微不至地照顾着孩子的饮食和身体健康，却忽略了孩子的心理健康，让孩子缺乏对社会的适应能力和应变能力。

在这样不平衡的教育中，孩子难免会有些"营养不良"，甚至会让孩子在人生之路上遭遇"夭折"。一旦发生这样不幸的事情，孩子便很难再获得健康、幸福的生活。此刻，父母们应该问问自己：是不是做到真正关心孩子了？是不是为他们准备丰盛而有营养的饭菜，就是爱孩子？这样不舍得孩子受苦受累，是不是能够让孩子得到健康的发展？

残酷的事实告诉我们：身体健康和心理健康同样重要。心理健康是一种能够正确认识事物，坦然应对外界的心态。

因此，父母们要有一个正确的观念与意识，尽可能地了解儿童心理特点及心理疾病的知识，对孩子的智力水平有一个全面的分析和了解；根据孩子的性格特点及其优缺点进行不同的培训和教育；把"学会认知、学会共同生活、学会做事、学会生存"作为教育目标，一点一滴地渗透到对孩子的教育中，让孩子的身心都得到健康成长。

问题三：把孩子当成自己的私有财产

在日常生活和工作中，很多父亲总会把“我”的和“属于我”的看得十分重要，对孩子尤其如此。从孩子一出生，他们就没有消停过——背负着沉重的“包袱”，一步步前行。当好心的人劝告他们可以把孩子“放下来”，让孩子自己走时，他们就会赶紧捂住孩子想：这个“好心人”有什么意图？但嘴上会说：我的孩子，我喜欢背。

其实，父亲把孩子从背上放下来，自己会更轻松一点儿，做事情也能游刃有余。但这些父亲可不这么想，他们要好好保护自己的“私有财产”。

纪伯伦在《论孩子》中写道：“你们的孩子，都不是你们的孩子，乃是生命为自己所渴望的儿女。他们是借你们而来，却不是从你们而来，他们虽和你们同在，却不属于你们。”大家一看就知道是什么意思，但真正能做到的，却是少之又少。

我们经常会看到这类新闻：虎妈如何教育孩子的；狼爸如何教育孩子的；还有武汉的高三学生集体挂氨基酸……他们在爱的名义下，将孩子看成私有财产或实现成就感的工具。

对于此类现象，教育专家提出了反对意见：在教育孩子方面，像虎妈、狼爸之类的教育观念日益翻新，其核心都是控制孩子的成长，让孩子沿着自己所设计的轨迹发展。在这样的教育下，即使有个别孩子能够考上名校，也并不能说明什么问题。难道说上了好学校就能一生幸福？上了好学校就是一个优秀的人才？

某教育专家曾说：国内教育中缺失的一个基础，恐怕是正视孩子的独立性和权利。每个孩子从一生下来就是一个独立的个体，他不是母亲的，不是父亲的，而是属于自己的。如果父母们都能够明确这一点，那么在教育中，就能避免很多的错误。

浙江师范大学心理学教授说：孩子就是孩子，父母就是父母！父母必须认识到：孩子的主观感受是谁也代替不了的。

某天，一位父亲带着孩子出来买菜。正巧，有个卖冰糖葫芦的年轻人推着自行车朝他们走来。当孩子看到晶莹透亮的冰糖葫芦时，便咽了咽口水，对爸爸说："爸爸，我要吃冰糖葫芦！"

"不行！"这位爸爸一脸严肃，皱着眉。可以看出，他的心情并不怎么好。可能是和妻子闹矛盾了，也可能是工作上遇到不顺心的事了。

"不嘛，我就是要吃冰糖葫芦。"小孩子拽着爸爸的手，晃动着，眼睛里含着泪珠，一副可怜样儿。

"吃什么吃？上面都是灰尘。"这位爸爸依旧以严厉的口吻说。可是孩子就是孩子，一听到爸爸拒绝了，便坐在地上撒泼。这位爸爸一把抓起孩子，朝脸上就是一巴掌。孩子先是一愣，随即大哭起来。看到孩子哭，这位爸爸不仅没有停手，而且朝孩子的屁股上打了几下，一边打，一边说："让你哭，让你哭！"

这时，站在一旁卖冰糖葫芦的人忍不住说："大哥，您怎么下手那么重？"

"我的孩子，我爱怎么打就怎么打，关你什么事！"这位爸爸突然提高了嗓门。

卖冰糖葫芦的人听到这位父亲如此蛮横，便生气地说："孩子又不是小猫小狗，想打就打！不就是串冰糖葫芦嘛，我给孩子吃！"

"他是我儿子，我想打就打！我不让他吃，看他敢吃！"说着便朝孩子瞪了一眼，抓起孩子的手就走了。

类似的场景、类似的话语，相信我们经常会遇到。可当看到这个故事时，我们便不由得想：不是说孩子是自己的"私有物品"吗？父亲那么宝贝孩子，为什么还会对孩子伸手就打、张口就骂？难道是不爱孩子吗？当然不是！这些父亲非常爱孩子，可是他们走到了一个误区，认为孩子是自己生的，就完全属于自己。打他，骂他，无论怎么对待他，都是天经地义的。但是很明显，这种想法是错误的。没错！父母是给予了孩子生命，但爱并不是占有。把自己的情绪、想法、期望强加给孩子，这些都是不对的做法。

在众目睽睽下，父亲打骂孩子，不仅会伤及孩子的自尊心，还会损失掉孩子对自己的信任和感情。即便是有更合理的要求，孩子也不敢提出来。因此，我们会在生活中经常听到一些孩子小声地说“我爸爸说……”“我爸爸不让……”

此刻，父亲要明白：孩子也有自己的想法和意愿，今后也有可能会离开你们，独自生活，因此要给孩子一个独立的人格，别动不动就说些让孩子不悦、伤害孩子的话——“听我的，我生了你，都是为你好”或者是“我会害你吗？别忘了，你的一切都是我给的”。这些话只会让孩子变得没有主见，甚至会形成自卑的心理。

问题四：为孩子提供过度保护

在当下，出现了这样一种现象——“30 岁儿童”。什么叫“30 岁儿童”呢？就是一个到了而立之年，还是喜欢躲在父母的羽翼下，凡事不能自理和独立的人。事实上，“30 岁儿童”在生活中很常见，导致这种情况的原因就是：父母为孩子提供了过度的保护。

什么是过度的保护呢？过度的保护指的是父母给予孩子过多的关心、过多的教育、过多的照顾，从而限制了孩子的自由。有的父亲总是担心孩子，害怕孩子受到一丝伤害。于是，他们干脆把孩子密封起来，保护起来。比如：当孩子要吃水果，拿起水果刀削皮的时候，父亲赶紧把刀夺过来，说：“儿子，你可吓死我了，划到手怎么办？”当儿子要喝水，拿起水杯走向热水瓶的时候，父亲赶紧把水瓶夺过来，说：“儿子，可不敢碰这些东西，烫着你怎么办，就算不烫着你，杯子摔碎了扎到你怎么办？”当儿子想要玩公园里的运动器械时，父亲的眼神会紧紧跟着孩子，有时还会大喊：“那边危险！不要过去！”……

在父亲这样的保护下，孩子会变成什么样子呢？我们来试想一下：孩子们的好奇心在一次次的“不能”中逐渐变得胆小起来；把伸出的手吓得缩了回去；把跨出的脚步吓得退了回来；就连心中想探索世界的思想，也慢慢被限制住了。

随着孩子的年龄增长，他们变得什么也不敢做，什么也不会做。可想而知，父亲的过分保护会让孩子变成什么样子。孩子会没有自己的意识，没有自己的想法。慢慢地，孩子变得怯懦、自私、唯唯诺诺、懒惰、自卑、不合群。严重的话，还会出现一些心理问题。

总而言之，孩子变成这样完全是父亲过分保护的结果。在这样的环境中长大的孩子，父亲还期望孩子能有什么创造性？

有这样一个故事：

有位名牌大学的物理系高才生，因为成绩出类拔萃，被学校保送到美国某名牌大学深造。没想到，这位高才生竟然拒绝了。无论学校说什么，他都不愿去美国。

为什么会这样呢？经过一番调查之后，校方才知道了他拒绝的原因。这个原因说出来都令人难以置信——他不会做饭、不会收拾房间、不会洗衣服，更不懂得如何与他人交往。

也就是说，这位成绩优异的大学生根本无法独立生活。因为在大学四年里，他的所有衣服、生活用品都是父亲准备好，定期送到学校。父亲走的时候，再把他换下来的脏衣服拿回家洗，洗干净了再送回来。

这位名牌大学生说：从小到大，父亲为他安排好了一切。如果没有父亲陪伴的话，他真不知道应该怎样生活。

看到这个故事，我们不禁感叹：这么大的人了，竟然连点自理能力都没有。可是这能怪他吗？不能！因为是父亲的过分保护让他不会独立生活，没有一点儿自理能力。那什么叫过分保护呢？过分保护的意思就是说：父亲对孩子的一切大包大揽、包办代替，就像是老母鸡保护小鸡一样，始终把他们护在自己的羽翼之下。父亲不舍得让孩子做任何事情，不舍得孩子吃苦受累。虽然他们有着强烈的“望子成龙，望女成凤”之心，但是他们却用错了方法。

在某些地方，父亲对孩子实行了直接、完全的控制，用各种条款来束缚孩子的意志，约束孩子的行为。不仅如此，他们还没完没了地纠正和指责，害怕孩子越出雷池一步。事实上，父亲的过分保护不仅会影响孩子的身心健康，还会造成一些意想不到的后果。

有哪些不良的后果呢？比如：社交能力差，不懂得如何与他人交往，更不懂得人情世故；没有办法独立生活，就连个人的生活都无法料理；动手能力差；性格优柔寡断，缺乏自信心，过分羞怯、自卑；缺乏道德观念，责任心较差，容易产生一些极端的想法，并做出一些攻击性的行为；极易产生负面情绪，并且容易陷入持久的焦虑苦闷中以及抑郁的心境中无法自拔；心理年龄不成熟，对父亲过分依赖。

孩子身上的这些表现，都是在父亲的过分保护下养成的。教育学专家、心理学专家、社会学专家以及医学专家，曾做了一项调查，调查结果显示：父亲的过分保护是不良的行为，父亲要及时纠正这种做法。

为此，教育学专家、心理学专家、社会学专家以及医学专家总结出了以下三点，以供父亲参考：

对性格成长的不良影响

在父亲的过分保护下，孩子会变得任性、自私、胆小怕事；在父亲的过分保护下，孩子会变得自我需求膨胀，还容易养成一种霸道、蛮横不讲道理的性格特点，严重的话，孩子还会出现逃课、打架斗殴、沉浸在网络虚拟的世界等。在父亲长期包办代替和限制下，孩子的性格会变得缺乏独立自主，脾气大，自我需求受到限制，不能够正确表达，从而只能在哭闹和耍赖中和父亲对抗。

在这样的环境中，孩子根本没有办法正确地控制自己的情绪。慢慢地，孩子的智商得不到充分的发展，就连他的人格也会出现某些障碍性的东西。

在父亲的过分保护下，孩子的肢体语言笨拙，思维依赖性强。到了青年期以后，他们就不太懂得和人交往，缺乏社交动机，思想无法独立。他们的性格特点和言行举止远不如在健康环境下成长的同龄孩子。

对心理发展的不良影响

在父亲的过分保护下，孩子们除了无法独立生活以外，他们的表现多为社会化不足，比如不懂得谦和忍让，不懂得和别人交往，更不懂得去体贴和理解别人。

在日常生活中，他们从来不会站在对方的角度上考虑问题；在没有任何“好处”的时候，他们不会去主动帮助别人；在做错事以后，他们想着只要没被人发现，就没关系，即便是做错了，被人发现了，他们也会觉得“不就是那么点儿事嘛”；当别人做了一些对他们不利的事情时，他们就会耿耿于怀，不停地指责对方，甚至不肯原谅对方；不管是在学习还是生活中，他们都容易对别人产生羡慕，甚至嫉妒。

像这种孩子，将来步入社会以后，也会因为遇到种种挫折，而变得一蹶不振。

对智力发育的不良影响

在家庭教育中，有很多父亲为了孩子的智力发育和学习，让他们放弃了很多独自实践和体验的机会。父亲给孩子报各种辅导班，阅读各种智力开发的书籍……

比如：在孩子闲暇的时候，父亲就威逼他们去上辅导班。即便是他们不喜欢，父亲也会让他们待在教室中；当他们想要玩某种东西的时候，父亲就会给他们限定玩某一种。就这样，原本智力可以有所发展的孩子，慢慢被父亲扼杀掉了。

因此，父亲的这些做法，不仅对孩子的智力发展没有什么帮助，还会限制孩子智力的健康发展。

问题五：总认为“听话”才是好孩子

如果问：什么样的孩子才是好孩子？相信绝大部分父母会说：听话的孩子才是好孩子。只有听话的孩子才会怎么样怎么样。可以说，“听话”成为评判“好孩子”的最高标准。

从现代教育的观念来看，用“听话”来评判孩子的好坏，不仅是一个误区，而且不利于孩子的个性发展和潜能激发。从某种意义上来说，过于“听话”的孩子不一定是好孩子，还有可能成为一个“问题儿童”。

为什么这么说呢？如果父母们稍加留意就能发现，经常受大人夸奖的“听话”孩子，常见的特点有：胆小、怯懦，很少有自己的主见。如果问他有什么想法，就会看父母的脸色。长时间下去，只会受到压抑，从而成为一个“问题儿童”。

事实上，每个孩子都有自己的性格特点：有的孩子生性就活泼，而有的孩子天生就文静、听话、乖巧。如果父母不稍加留意的话，很可能扼杀孩子独有的个性和探索能力。

随着年龄的增长和环境的影响，孩子也会具有自己的思想和想要自己解决问题的渴望。如果父母还依旧把他们看成小孩子，要求孩子什么都听大人的，那孩子就会发起抗议，甚至会产生逆反心理。

我们来看下面这个故事：

安安从小就是个听话的孩子，父母说什么就是什么。上了初中以后，安安就变得沉默寡言，虽然也很听话，但总是让父母觉得有些异样。

白天，安安就去上学；放学回家就吃饭、玩电脑、复习功课，很少和父母交流。有次期末考试，安安的成绩又下滑了。于是，恨铁不成刚的父亲就为儿子报了一个辅导班。辅导班晚上九点下课，但父亲让安安待到十点以后再回家，这样还能多学点东西。为了满足家长的需求，辅导班专门有个老师陪安安。

可是辅导了半个学期后，安安的成绩还是上不去，这让父亲很着急。后来，父亲就动员强强（安安的好朋友），让强强问安安为什么会这样，不知情的安安就告诉强强：我根本就不想去辅导班，可是我爸爸偏要给我报。每天上学就很累了，还要在辅导班上课，每天晚上睡不好不说，还学不进去。在辅导班的时候，我不是趴着睡觉，就是自己玩会儿，反正就是不想学习。这都是被他们给逼的……哎！什么时候才能熬出头啊？

当父亲听到强强反馈回来的消息时，惊呆了！没想到自己的好心却让儿子不当好心……

看到这里，相信大家都明白了：原来孩子在接受辅导后，成绩依旧提不上去，不是因为笨，而是不想学！而表面看上去的“听话”只是不想多加交流和一种逆反心理。那么孩子为什么不说出自己的想法呢？原因之一就是父亲听不进去。与其听不进去大吵一架，不如以“听话”的形式进行。

这种冷战的方式不仅不利于建立良好的亲子关系，还有可能造成孩子的逆反心理，从“听话”到“不听话”。

郑州大学心理系教授许慧说：无论是在家里，还是在学校，听话的孩子都方便管理。这也是不少家长和老师在潜意识里更喜欢听话的孩子的原因吧！

许慧教授还说，孩子听话的原因有两个方面：一方面，孩子年龄越小，受环境的影响越大，自身经验不足，需要家长的指导才能健康成长。从这个角度来看，孩子如果“听话”也许能少走弯路，少犯错误，少受伤害；另一方面，孩子不仅仅是一个主动探索的个体，还是一个独特的个体，如果处处听话，自己就没有探索的机会，而没有选择的机会的话，那就失去了经验积累的机会。

实际上，家长真的想让孩子听话的话，就要学习一些如何教育孩子的知识，不仅要懂得孩子的心理成长期，而且要了解孩子的生理成长期；孩子在不同时期的不同心理特征和生理特征等。这样才能了解到孩子的内心世界，鼓励孩子说话，而不是盲目地“听话”。

问题六：棍棒出孝子

中国有句古话叫：棍棒底下出孝子。现如今，还有一些家庭在延续这种做法。孩子一旦犯错，父母们便张嘴就骂、抬手就打，他们以为这样孩子就不敢再犯错，实际上，这会给孩子造成难以磨灭的阴影。

2002 年，有一份杰克逊的遗嘱被曝光了，在遗嘱中，杰克逊将他价值约 10 亿美元的资产留给了母亲、3 个孩子和慈善机构，而他的父亲却不在其中。为什么会这样？原因是他生活在一个问题家庭——在他年幼的时候，父亲对他实施过暴力。

可以说，杰克逊是一个乖戾的人，他的音乐成就让全世界为之疯狂，他的慈善创举令他成为楷模；然而一系列娈童案、性骚扰、吸毒贩毒事件被大众所知的时候，我们不由得想：他到底是个怎样的人？

在一本关于杰克逊的传记里，说杰克逊为了不让自己看起来像父亲，顶着舆论的压力和肉体的疼痛，一点点改变着自己。或许是为了报复父亲，他在立遗嘱的时候才不将父亲列入受益人内。这，就是他日后的反击。

杰克逊还在世的时候，也说过：小时候经常被父亲打，所以现在心里留下了很深的阴影，即便是到了现在，想起来还会害怕。

在生活中，我们也经常目睹：当父母内心有火气的时候，便朝着孩子发泄，而孩子就做了无辜的羔羊；当孩子做错事情的时候，父母那尖锐的、不雅的词语像雨点一样砸来；当父母以命令和暴力对付孩子的时候，有没想过这会对孩子有哪些影响？

当我们看完以下故事，或许会明白些什么：

在 1999 年 4 月的一个凌晨，某市“110”指挥中心接到一个电话，有人报警称化肥厂附近有个出租车司机被人杀了。当 4 名接警人员赶到出事地点时，预先埋设好的炸药突然爆炸，三名警察当场身亡，一名警察被歹徒连捅 22 刀……

很快，这起案子便轰动全国。当人们关注事情表面的时候，我们不由得深思：是什么让罪犯如此丧心病狂？

经过调查了解后，人们才知道：原来出租车司机被杀是假，几个罪犯是为了抢劫运钞车实施更大的犯罪，但由于没有武器，便设下了这个圈套。

在实施抢劫的团伙里，有个叫李杰的。据了解，他小时候非常优秀，又爱唱歌又喜欢弹琴，富有文艺细胞。可为什么他会变成这个样子呢？原来这和他的家庭教育有关。可以说，他在家挨打是家常便饭……

在他还年幼的时候，父亲经常对他实施暴力，对他也很严厉。有一次，父亲在洗脚时和他说话，他回嘴了，生气的父亲立即将半盆洗脚水扣在他头上。

一年夏天，父亲劝告他不要去河里游泳，太危险了。可是他又不听。于是，父亲就找到了一个方法来治他——当他往河边去的时候，父亲就偷偷跟在他后面，最后再突然出现，将他按在水里。在父亲眼里，粗暴的教育方式才能让孩子知道去河里游泳的危险性。

他的朋友们都非常害怕他父亲，每当他父亲快要回来时，就有人通风报信，把“你爸回来了”说成“狼来了”；过年的时候，他擀饺子皮，当时想着是把两张饺子皮摞起来擀，这样可能会更结实。可他的奇思妙想却换来了父亲的一顿痛打……

某年冬天的夜晚，父亲酒后回家，一进门就骂人，砸东西，掀翻桌子……吓得孩子们不敢吭气。为了保护几个孩子，母亲便拦着父亲，不让父亲靠近他们。可结果连母亲也被打了。为了保护母亲，他们三个孩子又和父亲打了起来，最后被赶出家门。从这件事以后，李杰就特别害怕漆黑的夜晚。

在李杰 15 岁那年，父亲对母亲施以家暴，愤怒的李杰冲上去就对父亲大打出手。惊呆了的父亲怎么都没想到，儿子会对自己动手。于是，父亲怒道：老天爷，我自己的儿子竟敢打我？臭小子，你再打一下试试？他似乎不相信这是真的，好像要重新验证似的把脑袋伸到儿子的面前，叫儿子打。当李杰又打了一拳后，父亲才嚷着说不活了，用头撞墙，要喝毒药……

最终，在这样的教育之下，李杰带着自己的弟弟一步步走向了犯罪的道路，而自己父亲也因为窝藏罪被判刑了。不过最终，父亲还是不承认自己的教育方式是错误的。

故事中的父亲为我们出示了一个反面的例子，告诉我们“棍棒教育的隐患”。原本一个美满的家庭，却因为错误的教育方式终结了。谁说“棍棒底下出孝子”这句话是对的？血淋淋的现实告诉我们：这不是真的！孩子都是有血有肉的，如果只用暴力来对待孩子，那孩子迟早有一天会反抗，走向犯罪的道路。希望父亲在看到这个故事时，能够好好想一想：我们到底要的是什么？要的不就是孩子健康成长吗？我们一边害怕孩子不成才，不成器，却一边压制着孩子，不信任孩子，随意打骂孩子，在这样的环境下，再优秀的孩子也会被摧残掉。

世界上很多东西都可以选择，但血缘关系是不能选择的——父母给的生命、呵护、遗弃、怒骂、暴力，但孩子又能要些什么呢？难道要听到孩子说“求求你”吗？孩子不是弱者，不是卑微的，不是卑贱的，而是父母用爱创造的。

精神科医生王皓威说过：“爱固然使家人更紧密团结，爱也往往透过各种形式在家人或其他亲密关系之间，不断地进行情感的勒索。”

美国畅销书 *Toxic Parents* 里也说：控制型父母的操纵是无时无刻不存在的，他们打着“家长”的旗号，支配着孩子。因为一点点的火气就大发雷霆，当孩子反抗的时候，还理直气壮地说：“打你，骂你，都是为你好……”言外之意就是说，因为你是我的孩子，是我的骨肉，我爱你、关心你，所以才折磨你。

针对“棍棒底下出孝子”方面，国外的著名儿童教育专家也提出了反对意见，比如：当孩子长期生活在批评中，他照葫芦画瓢就学会了谴责；当孩子长期生活在敌意中，他自然而然就会学会争斗；当孩子长期生活在恐惧中，他一定是忧虑和压抑的；当孩子长期生活在怜悯之中，他就懂得了自责；当孩子长期生活在讽刺中，他就会具备害羞和胆小的特质；当孩子长期生活在嫉妒中，他就会变得虚荣；当孩子长期生活在耻辱之中，他就有了负罪感；当孩子长期生活在暴力中，他迟早会走向犯罪。

一名心理学家曾指出：大多数杀人犯都是在暴力的、缺乏爱的环境中长大的。但无论是哪种恶劣的环境，究其最根本的一条就是——父爱的缺失。

现如今，那些信奉“棍棒之下出孝子”的父母们，应该觉悟了，毕竟像“狼爸、狼妈”那样的成功例子少之又少。在实施暴力教育的过程中，也发生了不少人间悲剧：2003 年，因孩子偷拿了邻居家的东西，愤怒的父亲将其用尼龙绳倒捆在靠背椅上，最终抢救无效死亡；2004 年，某男子看到儿子不学习而玩电脑游戏，将其捆绑并进行电击，导致儿子四肢被严重电伤；广东“狼爸”徐文辉暴打女儿致死；温州“狼爸”体罚女儿致死……

这些新闻历历在目，也使一些父母和孩子对“棍棒教育”恨之入骨。对他们来说，棍棒教育不仅让他们根本感受不到家庭的温暖，更感觉不到父母的关爱。与其这样，倒不如流浪在外，做一个潇洒自由的人。

某市曾对四百余名少年犯进行了调查，调查结果让我们大吃一惊：有 84% 的人受到过家庭暴力。随之，“暴力教育”受到了普遍的质疑。其实，教育的方式有很多，不一定非得选择棍棒教育。如果使用棍棒教育，想要教育出一个身心健康的、优秀的孩子，那可不太容易。冒这个风险不如踏踏实实，以一种科学而有效的教育方式来教育孩子。

总之，父亲的棍棒教育即使是出于对孩子的爱，但这样的教育方式也很可能只会让孩子变得心理扭曲，性格怪僻、冷漠。严重的话，孩子还会交上坏朋友，从而误入歧途。世界上没有十全十美的人，更何况是年幼的孩子。因此，当孩子犯错误的时候，父亲要站在孩子的角度，用孩子的眼光去审视和理解事物，而非使用暴力手段。

问题七：忽略了对孩子生存能力的训练

在日本，当孩子走路摔倒了，不会哭，而是拍拍身上的土，自己爬起来。原来，在孩子们很小的时候，日本的父母就会给他们灌输这样的思想：要自己站起来，往前走，以后走路要小心。

在这样的教育中，孩子们在摔倒以后才会一次次爬起来。而他们的这种坚持和坚强，也为日后的发展和学习奠定了良好的基础。再看看我们国家：当孩子们摔倒了，父母们立即跑过去，关切地问“疼不疼”“哎呀，宝贝，我心疼死了”。在这样连哄又关爱的情况下，原本没有哭的孩子哇的一声哭了起来。

除此之外，父母们一味关心孩子们的生活和学习，满足孩子们的所有需求，让孩子们过着衣来伸手、饭来张口的日子。孩子们就过着缺乏独立性，缺乏主见性的“寄生”生活。当父母们过分呵护孩子的时候，却忘记了：孩子终究要离开父母，独自面对社会上的一切难题，而父母也不能永远陪伴孩子左右。可以说，父母的溺爱方式只会让孩子的人生逐渐走向病态。因为不直接去面对外界的难题，不独自去面对外界的人际关系，孩子是会生存不下去的。

因此，父母要引导孩子适应社会上的大规则，不要去帮孩子建造一个“无人、无事”的小世界。父母应该理性地认识，并且有意识地训练孩子的各种生存能力。

小米在某重点中学读初二，爸爸是某高校老师，妈妈是医生。小米在班里的成绩非常好，爸爸经常在同事面前说起女儿，说自己的女儿乖巧听话、知道学习，成绩特别好。这引来同事们的羡慕。不过，爸爸不知道的是，小米在班里几乎没有朋友，每天独来独往，走路都在看书、想问题，同学们背后戏称其为“小木头人”。下课了，同学们一起玩耍也不会叫她。因为小米的动手能力很差，班里的活动，她即使参加了也是经常帮倒忙，让老师和同学都很着急，后来，同学们也基本不再叫小米参加班里的活动了。

小米的爸爸妈妈都受过高等教育，可是他们对孩子强调最多、管教最多的却是一定要多读书、读好书。以至于小米自己也认为只有好好读书才是唯一的出路，其他的都是次要的。家长这样的观念使孩子轻视了生活能力的培养，这样会导致孩子渐渐地与时代脱节。

那么，什么是生存能力呢？又该怎么锻炼孩子的生存能力呢？实际上，生活中的实践是孩子的成功之母，也是最好的老师。锻炼孩子的生存能力是一种真实的演练，是一种切实体会。很多父亲也经常有这样的体会，同样一个动作或操作技能，听别人说了 10 遍也不及自己实际操作一遍印象深刻。对待只知学习而生存能力较差的孩子，父亲可以试着这样来改变孩子：

经常会有男孩做这样的幻想：穿上冲锋衣，带上小帐篷、小气炉、军刀、绳索，来到大山深处——攀岩、野餐；欣赏大山的壮丽和溪水的清澈……现如今，这些幻想已经不再是幻想，某大学体育课的期终考试，内容就是野外生存。只有通过野外生存的考试，才能拿到这个学期体育课的学分。

事实上，把野外生存及户外运动引入课堂，目的只有一个，就是锻炼和增强孩子的生存能力。平时那些养尊处优的孩子们，在这个课堂上可吃了不少亏。

参加野外生存的老师们曾经做过这样一个实验：将没有经过任何训练的中国大学生“扔”到野外，大部分人都会慌了手脚，不知道该做什么，就连一些最基本的生存技能都不懂。相反，日、韩等国的孩子由于从小就接受类似的生存技能训练，他们的生存技能很熟练。可以说，野外生存课堂的出现，不仅丰富了孩子的业余生活，还锻炼了孩子的生存能力。

除了野外生存外，还有其他生存能力，其中包括：

正确的判断力

由于网络信息传播速度迅速且信息量大，孩子们或多或少会接触到一些不良的信息，比如：暴力、消极面、黄色网站等，从而影响孩子的价值观和道德观。在这种情况下，父母没有办法一直盯在孩子身边看，也不能把所有的东西都拿来过滤一遍。因此，父母能做的就是在生活中，在孩子很小的时候就向他们灌输正确的价值观，让孩子掌握选择和判断事物的能力。

对制度价值接纳的能力

在社会适应中，接纳制度价值的能力是一个很重要的方面。

美国的一位著名的社会心理学家，把人的一生分为了 6 个阶段。在每个阶段里，人们都得完成 6 ~ 10 个任务。如果人们能很好地完成这些任务，那这个人就会发展得很顺利，并且跟社会的关系会很融洽。在这样的影响下，他的生活也会十分幸福和快乐。相反，如果这个人完成得不好的话，那这个人的发展就会不顺利，甚至跟社会形成一种冲突。

这位社会心理学家还在6～12岁的发展任务当中标明了一条：要形成对社会制度和社会团体的看法。

在美国，每个父母都非常努力地对孩子进行国家制度和价值教育。不过他们选择了从人文的角度，让孩子明白：在社会环境中生活，就必须接受国家的制度与价值。如果能舒心接受的话，孩子就会感到快乐；如果不能舒心接受的话，就会在生活中受到阻碍，从而生活得不快乐。因此，我们需要对孩子进行这方面的教育，让孩子认同制度价值——对本国制度的适应和认同是一个人发展的前提和基础。

适应和应对规则的能力

经常会听到父母跟孩子说："你一定要勤俭节约，你一定要诚实守信……"但是，孩子们真的会变成一个勤俭节约和诚实守信的人了吗？要知道，道德是一种适应社会的能力，是一种适应社会规则的能力。

当看到有人在大街上随地吐痰或在禁烟区抽烟等不良行为时，我们不会说他不讲卫生，而会说他没有社会道德，从而将他的行为及其本身的素质联系起来。

在社会中，道德也是一种适应能力，即在社会中，能不能积极主动地去适应社会规则的能力。

有这样一个小故事：

某知名讲师正在给学生讲课时，有个学生想要从教室里出去，但他并没有选择从教室后门悄悄离开，而是选择从讲师的身后绕出门去。

注意细节的人就会说："这个人真没素质，连基本的礼貌都不懂！"但其实不是这样的，这个学生是不具备社会公共场合必备的道德。在这类事件中，我们应该多换几个角度去想。在公共场合中，必然有一些规则是需要大家共同去遵守的。

因此，父母们不要认为教育孩子遵守规则是严厉的要求，这样的做法是在帮助孩子具备适应社会的能力，强化他的生存能力。

交际能力

卡耐基说过这样的一句话：一个成功的管理者，专业知识所起的作用是15%，而交际能力却占85%。可惜的是，由于互联网等科技的进步，孩子们的交际能力明显较差。有的孩子不善交际，甚至害怕交际。因此，父母们应该从小就培养孩子的交际能力。

比如：鼓励孩子参加体育活动。很多体育活动都是由多人参加的活动，讲究团队合作。而且在体育活动中，还需要智慧和胆量。而胆量，正是人际交往所必需的一种要素。

比如：与孩子做伴外出旅游。在周末或节假日的时候，父母可以带着孩子走出家门，走向大自然，在增长见识的过程中，多结识一些朋友。其实，在旅游中需要很多交际能力，如买车票、住旅馆、进饭店、购门票等。如果父母有意识地培养孩子去做这些事，那么孩子的交际能力就会得到锻炼和提高。

比如：让孩子去购买东西。父母们可以根据孩子的年龄大小，有意识地培养他们独立购买东西的行为。年龄较小的孩子，可以让他们买油、盐、酱、醋；年纪稍大的，可以叫他们买鱼、肉、米等，也可以让他们为自己购置衣物、鞋袜等东西；如果家中有旧报纸、旧衣服或空酒瓶等，可以让孩子去收购站卖。在交易的过程中，孩子就会接触到各种各样的人，从而锻炼和提高自己的交际能力。

比如：训练孩子的说话能力。口语是社会生活的入场券，这句话说得非常好。如果连话都不会说的人，又怎么能谈得上会交际呢？因此，父母们应该有意识地培养孩子的说话能力。在家里来客人时，可让孩子参与到谈话中；平时多鼓励孩子参加演讲比赛，鼓励孩子上课或开会时积极发言等。

竞争能力

在生活中，我们会经常听到父亲亲昵地对孩子说："宝贝，来爸爸这里，这样小朋友才不敢欺负你！""宝贝，不要着急，做不了就别做了！""宝贝，没必要和他们抢，爸爸会给你买最好的！"实际上，父亲这样的做法是不对的。如果有人抢了孩子的东西，选择逃避和再抢回来的方式，孩子就会变得怯弱或在父亲的支持下变得蛮横。

在孩子两岁左右，就会出现拥有和占有的意识，这是一个发展的阶段过程。这个时候，父母应该正确引导孩子：自己的东西自己要做主，别人的东西应该由别人来做主。如果孩子被抢了东西，一是要让孩子懂得好东西要与别人分享，而不是一味地忍让；二是要让孩子自己解决孩子间的纠纷，不要参与其中。

在孩子三岁左右，就进入了竞争的非常敏感时期，而这一时期也是孩子建立自尊和自信的关键时期。如果父母过分强调竞争结果，比如凡事要做第一名，排队要站最前面……如果孩子过于自信的话，则会出现飘飘然、骄傲的状态；而对处于劣势的孩子来说，就会让孩子产生挫败感，从而对今后的人生产生负面影响。

父母们应该给孩子一个"非竞争性"环境，让孩子充分地发挥自身的潜能。当然，"非竞争性"并不是说没有任何原则和纪律，而是让孩子知道一些规则和底线。

锻炼孩子生存能力的机会无处不在，父亲在教育孩子的过程中也要勤于动脑，相信一分耕耘就会有一分收获，付出努力总会有回报的。

第四章

父亲的高度，决定孩子的未来

别去威胁孩子，这会让他变得“小心翼翼”

作为父亲，你威胁、恐吓过孩子吗？

有的家长说：孩子有时很调皮，不威胁不行……而家长恐吓威胁孩子经常说的话就是：“再不睡觉大灰狼就会把你抓走”“再不吃饭我就把你关到黑屋子里”“再哭我就把你丢掉”，等等。在有的家长眼里，这些话语并不是“威胁”，而是“常用语”。

当然，父母们并不是为了吓唬孩子才说出这样的一番话，而是为了制止孩子的某些行为，但找不到比“威胁”“恐吓”更好的方式。可是，这样的方式并不是聪明的方式，如果孩子长期生活在这种环境中，会变得“小心翼翼”。

有这样一个故事：

周末，父亲带着儿子来商场买玩具。琳琅满目的商品立即让儿子迷失其中，抱着这个又抱着那个。看孩子这样，父亲冷静地对他说："你只能要一个玩具。"

儿子经过内心的挣扎后，选择了自己最喜欢的玩具。可当他们要离开的时候，儿子突然拽住父亲的手说："爸爸，爸爸，你看那是奥特曼！我想要……"

"不行！你已经有了其他玩具了。"父亲断然拒绝。

"爸爸，爸爸，给我买吧！"儿子一边摇晃着父亲的胳膊，一边嘟着嘴，快要哭出来的模样。

"把眼泪给我憋回去！"看到儿子的无赖样儿，父亲厉声道。儿子听到这话"哇"的一声哭出来了。此时，看到这一幕的行人都停下了脚步。被大家指指点点的父亲又尴尬又愤怒，最后说："别哭了！你再哭我就不要你了！"

说罢，松开儿子就走。

看到父亲远行的身影，儿子一边哭着一边追父亲："爸爸，不要扔下我……"

相信这样的场面我们时常看到，有人会心疼孩子，觉得父亲怎么可以这么忍心，看到孩子这样哭，都不能满足孩子的要求。可有的父母会说，这样的做法没错！如果第一次答应孩子的要求，就会有第二次！是呀，当孩子不听话的时候，"威胁"的确比向他解释为什么要听话、怎么才算听话容易得多。可是，"威胁"所产生的后果却是父母们始料未及的。

要知道，从孩子出生起，就对父母有着一种特别的眷恋。如果父母离开自己或不在自己身边，就会有一种无法生存的潜在不安感。从心理学上来说，这种现象就叫"基础不安"。

无论孩子是不是听话，是不是懂事，是不是被父母爱，他的心里时常会有“爸爸妈妈会不会不要我”的担忧。在这样极度不安的心理背景下，如果父母还对孩子说“你不听话我就不要你了”之类的话，那么他的潜在不安就会越来越严重，甚至受到严重的打击。到那个时候，父母后悔就太迟了。

国家二级心理咨询师张美平认为：父母的威胁和恐吓不仅会让孩子变得小心翼翼，凡事退缩，而且会让孩子产生一种逆反心理。要知道，父母是孩子最依赖的人，也是他们心中安全的保障。虽然父母的恐吓、威胁并不是真的，而是“口是心非”，但在孩子的眼里会认为这就是真的！在这样的环境下，孩子就会变得不再信任别人，并以此方式对待周围的人，甚至还会影响到孩子的性格和人际关系。

由此可见威胁和恐吓孩子的危害性。因此，在家庭教育中，父母们不仅不能恐吓孩子，还要以正确的方式教育和引导孩子，使孩子不至于产生恐惧心理。

那么，如何才能在不威胁和恐吓的方式下，教育出听话、懂事的孩子呢？下面列出了几种方式：

1．对孩子说什么？

“爸爸，我要吃冰激凌！”

“不可以！你刚才已经吃过了！”

“不嘛，我就是要吃。”

“我说过不行！”

接着，女儿便哭了起来，父亲这时又说了一句：“不准哭，再哭就把你丢到家门外！”

类似这样的话，相信大家都很熟悉。父母这么说的原因是让孩子听话，让孩子知道已经吃过一个冰激凌了，如果再吃就会肚子疼，拉肚子……但父母简单的一句“不行！不准吃”却让孩子认为自己被压制了，被强迫了，根本意识不到吃多了冰激凌的坏处。

2. 有的父母会说，孩子那么小，解释这么多他听得懂吗？说这些话的时候，父母最好想一想：你这样解释过吗？不去解释怎么知道没有效果呢？因此，在孩子提出不太合理的要求时，父母最好蹲下来，平视孩子的眼睛，然后对她说：孩子，你今天已经吃过了，再吃的话就会肚子疼，生病，然后去医院打针……你不是最害怕打针吗？如果孩子还是拒绝你的建议，那就可以说，你今天已经吃过冰激凌了，再吃就会不舒服的。不过你可以吃个苹果。以转移视线的方式结束这件事，不是比对孩子施以暴力更好吗？

周末，已经上幼儿园的明明和几个小朋友一起玩。没一会儿，几个小朋友就开始你推我、我推你了。由于明明长得比其他几个小朋友高，占了优势，所以将另外一个小朋友推倒在地。

被推倒在地的孩子哇的一声哭了起来，见对方哭了，明明也扯着嗓子哭了起来。听到动静的父亲和邻居都赶了过来。追问之下，其他小朋友才说出了是明明先欺负别人的。

为了教训不听话的明明，父亲对着他的屁股就是几巴掌，打得他嗷嗷大哭。邻居在一旁怎么劝都没用。

当然，明明欺负人是不对，但父亲粗暴的解决方式也是不对的。小孩子嘛，在一起出现摩擦是很常见的现象。当他们出现问题的时候，父母们不要参与其中，而要让他们自己解决。如果父母非得参与其中的话，可以试试暴力以外的方法。

比如：孩子们因为抢一个玩具而打闹，那父亲把玩具拿走就行了，并不需要处罚他。如果孩子犯了原则性的错误，那父亲可以换个心平气和的方式和孩子谈，比如告诉他为什么错了，错误的危害，如果孩子再不听话，那就罚他不能说话或反思。但时间不能过长，父母也要在一旁监督，以免孩子做出反常行为。

3. 强化效果有用吗？

夜里 10 点钟，5 岁半的儿子还在玩单机游戏。一旁的父亲说："孩子，你该睡觉了！"

"我还不困呢！"

"不困也得睡！现在关上电脑，立即去睡！"在父亲的强制下，儿子一边嘟囔着，一边关掉了电脑："你怎么不早点睡！"

听到儿子的话，父亲"啪"地朝孩子屁股上拍了一下。原本委屈的儿子更委屈了，躺在被窝里还抽泣着。

其实，在家庭教育中流传着这样一句话：始终如一，说到做到。别看孩子小，他们的思维方式和心思是父母所想象不到的成熟。当父母提出任何要求时，孩子会想：你都没有做到，干吗要求我做到。如果以强制的方法对待孩子的话，只能让孩子口服心不服，长期下去，孩子会出现逆反心理。

因此，能够解决这个问题的方法只有一个：父母要先规范自己的行为。如果能规范好自己的行为，就不必再费口舌给孩子讲道理了。

父亲的"冷漠"就是囚困孩子的"监牢"

当孩子呱呱坠地，来到这个世界的时候，父母们就应该给予亲情、拥抱和温暖。要知道，孩子的到来是父母们期盼和期待的结果。可是，生活中却不乏"冷漠"父亲——他们的存在并不为孩子们所接受。

什么是"冷漠"父亲呢？"冷漠"父亲是一种以自我为中心，重视自己的需求，信奉自己的生活准则和对周围事物的理解方式。"冷漠"

父亲过分沉迷在自己的世界中，无暇或无法理解旁人。

“冷漠”父亲有两种表现：一种是只有他们选择的才是正确的；另一种是不管不问，任由孩子发展。

在“冷漠”父亲的教育下，孩子也会出现两种情况：一种是从被否认、贬低、讥讽的环境中，丧失了自尊，认为自己没有价值和能力，从而产生一种强烈的自卑感。即使到了社会上，也会缺乏勇气与人相处，并出现彷徨、犹疑或者退却的表现；另一种是“独立自主型”，反正家人不管，那就想怎么样就怎么样了。

有这样一个故事：

小英的父母经营着一个服装摊。一家三口虽称不上大富大贵，但解决温饱是没有问题的。在小英的印象中，父亲从来没有辅导过她的学习，生活上也从不过问。平时一家人在一起吃饭都很少，只有过年的时候，才能安安稳稳吃上几顿饭。

考大学那年，小英咨询父母报考哪一所大学的时候，父亲只是简单地说了一句：随便。失落的小英便报考了离家很远的学校，从南方去了北方。住校以后，父亲总是每个月按时给她打生活费，却从来没有打过一个电话问问：在学校怎么样？吃得好不好？和同学相处得是不是融洽……偶尔母亲打个电话，就是抱怨生意难做之类的事情。

大三那年，小英的身体出现了问题，是慢性头痛。于是，她选择休学一年。回到家后，父亲说的第一句话就是：真是不中用！随即便说：这样也好，你可以帮我一些忙。

一想起自己身体不好，父亲都没有关心一句，而是仍在关心自己的生意。愤怒的小英冷冷说道：给我多少工资？听到女儿这样说，父亲也生气地大叫：难道我的辛苦是为了自己？我攒钱还不是为了你！供你吃喝，供你上学……

小英反驳道：为了我？为了我，你就不会不参加我的家长会；为了我，你就不会在我遇到难题时落井下石；为了我，你就不会不关心我的身体健康；为了我，你就不会两年不给我打一个电话，哪怕一点儿关心都没有……你说你是为了我？

听着女儿平静地说完这些后，父亲张着嘴说不出一句话……

故事中的父亲和女儿的对话，说出了一部分家长的心思，他们认为：只要让孩子吃喝不愁，就是给予孩子最大的帮助和关心；可对于孩子来说，物质不是最重要的，最重要的是父亲意识到自己的存在，在学习和生活中给予关心。

在不知不觉中，小英的父亲就做了个“冷漠”父亲，悄悄地伤害着女儿。心灰意冷的女儿考大学时选择了离家最远的学校，反正没有人关心，还不如离远点儿好。可是，离家远怨恨就能解除？与父母的关系就能了结？就没有痛苦了？当然不是的！父亲的“冷漠”在孩子心中已经根深蒂固，不管离多远都不能走出这个隔阂。说不定在生活和学习中，小英也会把从父亲身上学到的冷漠转向同学、朋友、恋人，但其实心中渴望得到周围人的认可与理解。如果父亲能够给予她一点儿关心，不再那么冷漠，那么他们的父女关系也会变得更好一些。

故事中的父亲虽然很冷漠，但好在没有让孩子发生任何意外，只要稍稍调整自己对人、对事的态度就可以。但下面的这位父亲，却因为自己的冷漠丧失了孩子，这真是令人既痛心又愤怒。

2010 年 6 月 27 日晚上 6 点左右，姚某的 6 岁儿子一个人在家附近的小码头玩耍时，不慎落水。当姚某听到有小孩落水的消息时，并没有选择救援，而是冷漠地离开。当他回到家怎么都找不到儿子的时候，才慌了神！最终，他找到了儿子的尸体，原来不慎落水的就是自己的儿子。至此，姚某真的是悔恨不已。

事后，姚某以社区居委会没有尽到安全保障义务提起诉讼，并索赔儿子的死亡赔偿金、精神损害抚慰金、丧葬费、抢救费等合计 47 万多元。经过法院审理，给出的结论是：社区居委会并不是法定管理人，对孩子的溺水死亡没有过错，不应该承担任何责任，因此驳回了姚某的诉讼请求。

看到这里，我们唏嘘不已。难道不是自己的孩子就不救了？是自己的孩子就要救？这样“事不关己，高高挂起”的不良心态和冷漠，最终让自己食得其果。如果这位父亲能够有点儿爱心，不那么冷漠，能够在孩子落水时赶紧救助，那惨剧也不会发生。

其实，在现实生活中，每个人都有需要别人帮助的时候，无论是孩子对父母、父母对孩子，还是孩子对周围的人。如果我们能够在别人需要帮助的时候，尽量去奉献一份爱心，奉献出自己的一点儿力量，那么人们都会变得更有责任感。

看完这两个故事，父亲就应该反省自己“冷漠”的教育方式了！父亲一定要清除“各人自扫门前雪，莫管他人瓦上霜”的自私和冷漠观念，多给孩子们灌输一些正确的、积极向上的思想观念，用生活中的真实案例，提醒孩子们：勿以善小而不为，助人即为助己，让生活中的“冷漠”少一点儿。

你说过多少次“我才是家长！”

当孩子外出时，你有没有说过类似于“别把家里当旅馆，想来就来，想走就走，没有一点规矩”的话；当孩子反驳你时，你有没有说过类似于“你的翅膀硬了，居然和父母顶嘴了，到底谁是老子”的话；当孩子坚持自己的想法时，你有没有说过类似于“我才是家长，你就该听我的”的话。

有多少父母打着“我才是家长”的口号来教育孩子？实际上，父母的权威并不是靠命令和强制的力量形成的。这种强制性的教育方式，只能让孩子在小的时候服从，在长大后叛逆和反驳。

下面，我们来看看这个故事：

小美今年 12 岁，在别人眼里她是个听话懂事的孩子，可在父亲眼里，却是一个爱顶嘴的孩子。

一次，小美正在看电视，父亲的一句怒吼吓得她打了个寒战：“你为什么又不关冰箱门！”小美小声嘟囔道：“不是我。”

“不是你，还有谁？整天看电视，也不去写作业！”父亲生气地说，说着说着就说起了她的作业和学习成绩来。为此，小美感到很委屈，争论道：“你凭什么说是我干的？今天我就没有开过冰箱！而且，我是完成了家庭作业才看的电视。”

“看看，看看，翅膀硬了，会顶嘴了！我才是家里的主人！”父亲说着便把母亲也拽了过来，开始一起批评小美。就这样，一场激烈的争吵就开始了。

还有一次，小美去同学家玩，一直到晚上八点多才回家。刚一进门，父亲的一个苹果就砸了过来，吓得小美赶紧往房间跑。父亲眼疾手快，一把就把小美抓住了，指着墙根说：“站到那去！”

“为什么？”

“为什么？就因为你回家晚了！一个女孩子不像女孩子，成天瞎跑，看看你的衣服，脏兮兮的！”

“什么叫瞎跑？我是去同学家玩了，现在才八点多……”小美指了指墙上的钟表。

“你还顶嘴？我是家长，我说什么就是什么！以后放学就得回家，不准出去玩！”说罢，父亲摔门进房间了，留下一脸委屈的小美。

像小美父亲这种过于专制，打着“我才是家长”的旗号对孩子进行教育，不会有什么效果，只会引起小美的不满而顶嘴。第一个事件，父亲不分青红皂白就指责女儿没有关上冰箱门，还指责她就知道看电视，不好好学习。可小美的反驳有理有据，理直气壮：其一她没有碰过冰箱；其二她是完成作业后才开始看的电视。而自知理亏的父亲却拿出了“我才是家长”的大旗，认为凡是家长说的，孩子就应该听。第二个事件，同学之间的人际交往很正常，而且孩子爱玩是天性。父亲不能无条件剥夺，当然了，对于一个小学生来说，八点多回家确实有点晚了。但是父亲不能以打压、压制的方式来对待，而应该说明孩子的不合理处，从而让孩子改正。

孩子的顶嘴行为是一种抗争和反抗，是对父母不合理要求的不满和宣泄。大多数父母都喜欢听话的乖孩子，而“顶嘴”“拗性”的孩子往往会遭到大人们的训斥，甚至被剥夺辩解的权利。父亲的这种“我才是家长”的专制作风，会给孩子的健康成长带来以下危害：

产生逆反心理

在家庭教育中，如果父母只采取打击和专制的方式，孩子就会觉得父母不相信自己，甚至觉得父母蛮横无理。当这种不满形成一定量时，孩子就会“爆发”，让父母大吃一惊。

形成认识障碍

父母的专制行为，会让孩子没有机会来“辩”明是非。在一片混乱的争论中，根本性的问题无法解决。长期处在这样的家庭教育中，孩子的认识就会逐渐产生偏差。

扼杀新思想

实际上，一个会顶嘴和辩解的孩子，往往是一个懂得是非、会权衡利弊的孩子，是一个不盲目听从别人、有主见的孩子。可在父母的专制下，孩子的这些好的品质却得不到发挥，而是一点点被父母磨光，从而缺少创造性和处理问题的主动性。

要知道，语言交流才是人与人之间最普遍的、最有影响力的沟通手段。如果沟通失败的话，家庭教育也就失败了。“我才是家长”并不是谁赋予父母的专制权力，也不是在育儿过程中自然而然形成的，而是父母在行使并履行自己的义务和职责的过程中，靠自身做出模范性的行动来获得的。

因此，父亲一定要摒弃“我才是家长”的错误观念，以免影响孩子的身心健康。

父亲是“暴君”，孩子就会是“听话的臣民”

在家庭中，有一种“暴君”父亲：独揽家庭大权，高高在上，有意操纵家人的一切，经常对子女发号施令，让孩子绝对服从。如果孩子不遵从的话，父亲就会以“暴力”的形式否定和打压孩子的想法和行为。在“暴君”的字典里，绝对不能有“不”这个字。

有这样一个故事：

小迪的父亲是一位专制的“暴君”父亲，什么事情都要管，连吃饭的顺序也要管。比如：在吃饭的时候，父亲命令小迪先喝口汤再吃饭，吃饭要细嚼慢咽。如果先吃饭后喝汤，就会被父亲批评一顿。

一次，小迪正在往面包上抹苹果酱，可没想到苹果酱滴到了衣服上。碰巧，父亲出门的时候看见了，张口就骂：真是个坏东西！浪费粮食……吓得小迪不敢说话。

一次期中考试，小迪考了 99 分。当他拿着成绩找父亲签字时，父亲扫了一眼就又开始了“暴君”行为：才 99 分？这有什么值得炫耀的！有本事给我拿 100 分回来。父亲的这番言论，让小迪瞬间没了自信。

长期生活在“暴君”压制的环境下，小迪变得越来越不敢说话。因为不管他说什么，总会换来父亲的怒骂和批评。慢慢地，小迪也就学会了逆来顺受。

后来，小迪的这种状态也延续到了学校——不善交际，害怕惹是非，处事谨小慎微，循规蹈矩。即便遇到了问题，也不敢直接面对，而是克制着自己的想法。

看到这个故事，或许有父母会说：“咦？怎么跟我的孩子有点相似？”其实，父亲应该塑造的形象是高大、充满力量的。但如果父亲以“暴君”的形式出现，或多或少会影响孩子的健康成长。为了在家庭中寻求一种安全感，孩子只有选择小心翼翼地做人做事，生怕破坏了“暴君”父亲定下的规则。就像故事中的父亲，因为孩子吃饭滴到了衣服上，也要大肆批评，这确实有点小题大做了。对于孩子的学习成绩，虽然父亲很关心，却以一种暴力的形式来激励孩子。这种行为，不仅不会起到激励孩子的作用，而且会伤害孩子的自尊心。难道父亲想要孩子成为一个服服帖帖的臣民，养成小绵羊性格吗？

在今后的成长中，孩子也会欠缺冒险精神，不敢大胆创新，就连基本的自强自立也很难做到。当然了，我们承认父亲是爱孩子的。但是，“暴君”父亲只会充当一位“杀手”，扼杀孩子的胆识、魄力，扼杀孩子的创造精神。

下面，我们来看看另外一个故事，虽然故事中的主人翁也深受“暴君”父亲的影响，但好在她能够及时调整自己，从而摆脱了父亲的“魔爪”。

希拉里是美国第 67 任国务卿，也是美国第 42 任总统克林顿的夫人。别看希拉里有如此大的成就，在她小的时候，却受着“暴君”父亲的教育伤害。

希拉里的父亲叫休·罗德姆——一个脾气暴躁、郁郁不得志、玩世不恭、愤世嫉俗的男人。她的“暴君”父亲总是毫不留情地对他的孩子们冷嘲热讽并蓄意贬低他们。第二次世界大战期间，父亲作为海军军士长不仅负责训练士兵，还把军营式的管理模式带到了家庭教育中。据说，她的父亲总是会坐在客厅里的长沙发椅上厉声发号施令，诋毁和贬低孩子的进步，他的这种做法让孩子们受到了前所未有的挫败感，而他却把这种教育方式叫作“挫折教育”。

尽管能让“暴君”父亲满意和认同是一件非常难的事情，但孩子们还是依旧努力着，以摆脱父亲的压制和受到认同。可是，在这种不健康的教育下，孩子们在不知不觉中丧失了自我。

好在聪明、有主见的希拉里在意识到自己的变化时，调整了自己的心态，从而走向了让所有女人都望而却步的地位。

对于希拉里的变化，韩国作家李智诚是这样认为的：在 20 岁的时候，当希拉里决意从心理上与父亲决裂，坚决地“走自己的人生”的时候，她就开始成功了——拿下了人生中的很多个第一。不过，这种心理上的决裂不会是彻底的，因为“暴君”父亲的影响会持续在希拉里的生命中出现。

由此可见，在一个家庭中，父亲和孩子的性格、观念差异太大，就会造成两个比较极端的反应：当一方强势、霸道的时候，另一方就会变得弱势、胆小；强势的一方，会以弱势的一方为代价，而弱势的一方，就会以强势的一方为“标杆”。

随着时间的变化，强势的一方就会变得越来越强，弱势的一方就会变得越来越弱。慢慢地，就会形成家庭内部关系的病态平衡——强势的一方会将自己的控制看作一种光荣和成功，弱势的一方则会因为被压迫的时间太久，从而出现不利于身心健康的不良因素。

因此，有“暴君”倾向的父亲需要改变自己的教育方式，多给孩子一点儿自由，不要过分强迫孩子，要尊重他们自己的选择，要让孩子们生活在轻松之中，感受幸福和快乐。

别用名利诱惑孩子，小心孩子的眼睛里都是“$$”

俗话说得好：有钱能使鬼推磨。有些父母也把这个“规则”用到了孩子的身上，比如：“如果你听话的话，爸爸就给你买玩具”“儿子，如果你去帮忙擦桌子，我就给你 5 元钱”“如果这次考试你能考进前三名，我就给你包个大红包”……

确实，在金钱的利诱下，孩子们的行为出现了一些改善，变得听话多了：主动做家务；放学回家就写作业；很少和朋友们出去玩；考试成绩越来越好……长此以往，孩子们就会认为：我变得“好”一点，父母就会给我钱花。如果每天擦一次桌子，擦一次玻璃，主动洗碗筷，那么自己很快就会成为一个“小富翁”了。

接着，孩子们就会把这种行为带到学校中去。“×××，借用一下你的橡皮。”“不行！除非你给我钱。”“哼！小气鬼！”“不花钱还想用别人的东西，哪里有这么好的事情……”

看吧，原本一个很简单的小事情，孩子却拿金钱来衡量。如果到了社会上，还以这种方式来与他人相处，那么没有人会愿意和他做朋友。因为在别人的眼里，他是一个非常功利、斤斤计较、见利忘义的自私鬼。

著名心理学家经过研究，得出这样的一个结论：表扬奖励与批评惩罚的比例最好控制在3：1。如果超过了这个比例，那么父母的表扬已经有了夸大其词的成分，变得不太真诚；如果低于这个比例，那么父母就有点过分挑剔，容易给孩子造成情绪上的不安，从而破坏孩子的自然成长，使其变成一个神经质、怯懦、不诚实的人，严重的话还会让孩子变得特别“暴力”。

有这样一个故事：

小军的家里非常有钱，父亲是某市有名的企业家。

在小军很小的时候，“我家很有钱”这句话就经常挂在嘴边，引来不少人的羡慕和不屑一顾。在小学时，小军身后就跟了一大批部队，整天跟他混在一起“吃香的喝辣的”。在那些同学的眼里，觉得小军家里那么有钱，只要他愿意带着他们玩，为什么“有便宜不占”呢？

自从上学后，家里可没少给小军花钱，不仅要给老师送礼，还要贿赂小军的同学，生怕他受一点儿委屈。

可能是因为小军的家庭条件太好，所以他根本就没有把学习当成一回事——反正父母会用钱解决的。因此，在学习成绩那么差的情况下，小军依然顺利地上了重点高中、重点大学。

到了大学以后，同学们纷纷称他为“贵公子”“富二代”，而小军也乐意有这个称号。在蜜罐和金钱堆里长大的小军，事事以钱为先，并有“金钱就是万能的”的思想。

一次，小军带着同学去豪华场所玩。可是，门卫以他们是学生，消费不起为由，拒绝他们入内，于是小军立即从口袋里掏出一叠钱，摔在门卫眼前，说：够不够？！看着傻眼的门卫，小军得意地带着同学去玩儿了。这件事也为小军在同学堆里赢得了威信。

就这样，他不思进取，浑浑噩噩地过日子。

大学毕业后，小军不去找工作，整天待在家里无所事事。为此，小军的父亲很着急，就让小军找点事做，不能老这样。可从小养尊处优的小军，哪里是给别人工作的人啊！别说是社会上的挫折，就连基本的生存能力都没有啊！

一次偶然的机会，小军结识了一个朋友，那个朋友给他出主意：你家里那么有钱，为什么不弄艘油轮，载那些游客看三峡呢？这样既能玩也能赚钱，不是一举两得的事情吗？回到家后，小军就把这个想法告诉了父亲。父亲一听孩子终于有了自己的想法，便大力支持。为此，父亲花费了上千万元为儿子买了一艘游轮。

可商场如战场，没有任何经验的小军在短短的一年里，便以惨败收场。不知道是什么原因，没多久，父亲的生意也遭遇投资失败，欠了不少外债。

就这样，他们过起了窘迫的生活，可他们哪里受得了这样的日子？于是，每天都能听到父亲的怒骂声和小军的哀怨声……

人的一生要喝两杯水：一杯甜水，一杯苦水。如果先喝苦水，那后面喝的就是甜水了；如果先喝甜水，那后面喝的就是苦水了。在故事中，父亲给小军先喝的就是甜水，给予他锦衣玉食的生活；用金钱给他买想要的东西，买学历，买人生……在这样的金钱教育下，小军掉进了钱眼里，认为钱可以买到一切东西。而后，小军就尝到了苦水——先是投资失败，后是家庭败落。

其实，小军的一生就是父亲的金钱教育的失败所致。这种教育方式不仅摧毁了孩子的价值观，还让孩子盲目地去投资。对于一个毫无生意经验的年轻人来说，失败是必然的。因此，父母们不应该给孩子灌输一些错误的金钱观念，让孩子对金钱具有依赖性。即便是用金钱赏罚，也要有一个度。

下面，为父母们介绍几种关于金钱教育的方法：

要明确奖惩使用的范围

父母们在对孩子进行奖惩前，要明确孩子的行为对错。哪些行为是应该奖惩的，哪些行为是应该惩罚的。只有明确这些，孩子才能够明白奖惩的真正含义。

比如：当孩子认识到错误的所在，并有悔改的意思时，父母们就不应该再惩罚孩子。因为惩罚的目的是要让孩子知错并且改正错误；当孩子因为探索欲望而损坏物品时，父母们不要给予惩罚，不然的话，孩子就会丧失探索求知的欲望，不利于培养孩子的探索精神；当孩子好心做坏事的时候，父母们不能惩罚，因为这会挫伤孩子做事的积极性。

再如：当孩子完成了具有挑战性的任务时，父母们应该给予表扬奖励，让孩子增强进取心和自信心；当孩子以一种独特而有效的方式完成任务时，父母们应该鼓励他们，并为他们创造空间，让他们的创造性得到发挥。

以表扬奖励为主，惩罚为辅

无论是在生活还是学习中，父母都要主动去发现孩子的优点，给予孩子肯定式的评价。这样的做法，有利于孩子不断进步。如果父母们只盯着孩子的缺点不放，那孩子就会变得自卑、胆小，不利于孩子的身心健康。

奖惩不宜过多

过多的惩罚，会使孩子自卑，从而对惩罚产生“免疫力”，失去其应有的教育效果；过多的奖励，会让孩子变得对奖励“上瘾”，并对奖励产生依赖心理。著名心理学家经过研究得出：过多的奖励和惩罚，会让孩子变得缺乏主见；善于察言观色，过分在意他人的评价，从而失去自我。

别让孩子把父亲当成“透明人”

为什么孩子会把父亲当成“透明人”？原因是无论是在生活还是学习中，孩子很少看到父亲的身影……得不到父爱的关心、照顾。慢慢地，孩子自然就把父亲当成透明人，当成可有可无的一个人了。

为此，教育专家们发起了一个调查：父亲为何总是缺席教育孩子？而得到的答案基本相同——忙。

是呀！父亲大多承担起了家庭的经济责任，忙工作、忙 8 小时以外的应酬、忙着赚更多的钱。有的父亲工作忙，很少有时间陪伴孩子，就会把孩子交给老人或者请一个保姆。不是让孩子泡在玩具堆里，就是把电视打开，让孩子看动画片。此刻，我们忍不住问一句：难道父亲忙得没有一点儿时间吗？

某知名教育专家说过：父亲的“忙”其实是一个借口。是啊！父亲再忙能有美国总统奥巴马忙吗？

奥巴马在竞选总统时，有一件事情非常自豪。那就是，在长达 21 个月的竞选赛中，没有错过一次孩子的家长会。

事后，米歇尔在演说中这样提道：即使到了现在，奥巴马仍然每晚和孩子们一起吃晚餐，耐心回答她们提出的问题，还为孩子们在学校交朋友的事出谋划策。

修身齐家治国平天下，这句话用在奥巴马身上是最合适不过的了。作为一个总统，国家的事务已经够繁忙了，可是他也没有因为工作的忙碌而丢掉父亲的责任。在父教里，奥巴马的例子足以让那些找借口的父亲哑口无言！

有句话说：“时间就像是海绵里的水，挤一挤总会有的。”平时忙碌的父亲，应该懂得这个道理，把空闲的时间拼接起来，多陪陪孩子、多教育孩子。

有研究表明：缺乏父教的孩子，在言行中会更具攻击性。在孩子的心目中，父亲的形象有一种威慑的作用，能够对自己的言行进行监督，从而使自己受到约束。如果父亲因为工作繁忙，就忽视对孩子的教育，很容易让孩子形成一个不健全的身心，并且容易让孩子产生一些心理疾病。

因此，父亲不要以“忙”为借口，忽略对孩子的教育，而应该多挤出一点儿时间，用来关爱和教育孩子。虽然工作很重要，但孩子的人生和身心健康同样重要。为了不让孩子把父亲当成“透明人”，专家们给父亲提出了以下建议：

成为孩子心灵上的依靠

在孩子的心目中，父亲才是最值得依靠的。因此，父亲要让孩子感受到父亲的强大，产生安全感，而不是缺失在孩子的教育中，成为一个“透明人”。

要将孩子放在第一位

如果父亲把孩子放在第一位，那孩子就会感受到父亲的关爱和重视，从而回报父亲的牵挂和依赖，促进家庭和谐。

小远有一位好父亲，这位好父亲一下班就会陪孩子，聊聊学校发生的事情，聊聊学习，聊聊兴趣爱好。某天，父亲答应儿子要给他买《喜羊羊与灰太狼》的光碟。不巧的是，公司突然要加班。在快要下班的时候，爸爸赶紧给儿子打电话，让他别等了，光碟已经买好了，让他安心睡觉。夜里 11 点，爸爸才拖着疲惫的身体进入家门。看着儿子甜甜睡着的模样，父亲把光碟放在了儿子的床头，并亲吻了他的额头。

第二天，当看到光碟就在床头时，小远高兴得手舞足蹈。为了感谢父亲，小远在期末考试获得了第一名。

如果由于加班，父亲没有给孩子买光碟，并且没有知会孩子一声，那家庭中少不了一层阴云。孩子会指责父亲不讲承诺，骗了自己，而父亲会觉得自己工作那么劳碌，还要受儿子的指责……可是故事中的父亲并没有因为工作的忙碌而忽视对儿子的承诺，因为工作重要，儿子更重要。可能就是因为父亲的这种心理，家庭才会更加和谐吧。

给予孩子鼓励和关注

在家庭教育中，父亲要给予孩子更多的鼓励和关注，不要让孩子感觉到被忽视。

小恩非常崇拜父亲，因为父亲是一名建筑工程师，建造了很多漂亮的大楼。在父亲的熏陶下，小恩也喜欢做模型。

一次，学校组织了一次模型大赛，小恩报名参加了。放学回家后，小恩就把这个消息告诉了父亲，父亲不仅鼓励了她，还给予了支持。两个人在一起研究方案，并开始准备工作。在整个过程中，爸爸尽量让小恩多出力，他只做指导。

终于，在他们的努力下，小恩得了第二名。

当父亲对孩子的事保持关注并积极参与的话，孩子就会有前进的动力。

多花时间陪孩子

父亲只有多花时间陪伴孩子，才能增加对孩子的了解。在陪伴孩子的过程中，父亲要给予孩子正确的指导和教育。

自从世界杯开始以来，小江就对父亲产生了很大的意见。因为父亲一下班，就打开电视锁定体育频道。如果不在家看的话，就会约朋友在酒吧看球。为此，父母吵了很多次架。

当小江提醒父亲该睡觉或者打扰到自己学习的时候，父亲就会说：一会儿，一会儿……你要是有不懂或不会的就问妈妈和老师。为此，小江很生气：父亲对自己不管不问，做着“甩手掌柜”，连家长会都没有参加过，现在却有时间看世界杯……

由此看来，父亲的“忙”真的就是一个借口，有时间看世界杯，有时间和朋友小聚，却把孩子推给母亲和老师。在这样缺失父教的教育下，小江当然会产生不满了。因此，父亲一定要重视起孩子来，不要做“透明人”。

父亲抽烟、酗酒，孩子照样儿学

在大街上，我们经常会看到乳臭未干的孩子三五成群地叼着烟，一副吊儿郎当的模样；在校园里，我们经常会看到无论是男孩还是女孩，叼着烟打骂、玩乐。操场、教室的角落、厕所成了这些“烟民”的栖息之地，也成了清洁人员怒骂的对象；在酒吧、网吧、KTV 等娱乐场所，我们经常会看到高中生颓废地抽着烟，学大人“干杯”……

他们的行为举止与实际年龄看起来是那样不符，当被父母或学校领导抓住批评时，他们也是左耳进、右耳出，满不在乎。这时，父母们就开始抱怨了：这么小的孩子就抽烟、喝酒，真是学校风气不行！老师管教不严！却从来就没有想过自己的问题。

实际上，初高中就学会抽烟、喝酒的孩子，大多是父母潜移默化的“教育”，是他们影响了孩子，导致孩子学会了抽烟、喝酒。

有这样一个故事：

在日常生活中，张先生最爱说的一句话就是：饭后一支烟，赛过活神仙；饭后一口酒，活到九十九。

一天，张先生因为升职高兴就喝了点酒，还叫一旁看电视的儿子来喝。张先生的儿子今年读高一，是个活泼可爱的孩子。当父亲叫自己喝酒时，作为学生的他先是反对，说老师不让喝酒。

有点半醉的张先生说：“老师？哈哈。你现在是在家，就要听老爸的话！老爸让你喝，你就得喝！快来……”说着，张先生把儿子拉到自己旁边，吧啦吧啦说了一大堆心里话。情到深处时，还会喂儿子喝酒。儿子刚喝了一口，就被呛了一下，逗得张先生哈哈大笑。

从那以后，张先生每天都会邀儿子和他喝酒。原本不会喝酒的儿子，酒量慢慢也变得大起来。又过了一段时间，儿子还学会了抽烟。张先生调侃儿子说：会抽烟、喝酒的男人，才叫真正的男人。

在张先生的教育下，儿子慢慢地变成了一个小酒鬼。随着学业压力的加大，儿子也学会了借酒消愁。终于，儿子染上了“烟酒瘾”，有时在课间也会偷偷去抽烟。因此，儿子被学校记了一次大过。

原本成绩优异的儿子，就这样沦为了差生，并且每天都要喝酒、抽烟。直到有一天，母亲在儿子的床下发现了很多酒瓶子，这才意识到问题的严重性，并且把这件事告诉了张先生。张先生这才监督和阻止儿子，可是已经来不及了！现在，张先生的儿子每三个小时就要喝酒，如果不喝的话，全身就会抽搐，像犯了毒瘾一样……后来，张先生不得不带儿子去看医生。

由于张先生喜欢抽烟、喝酒，还教孩子抽烟、喝酒，从而酿成了大错，毁了孩子的青春期。原本一个学习成绩优异的儿子，现在却到了看医生的地步，可见烟酒的危害性。无论是在学习还是生活中，父亲都应该以身作则，给孩子起到一个好的带头作用，做孩子的榜样，而不是带着孩子一起堕落。

在生活中，有很多父母认为饮酒习惯对家庭不会有什么影响。他们认为，只要孩子吃得饱、穿得暖，乖乖上学，他们就尽到了父母的责任。但事实上并不是这样的，抽烟、喝酒只会阻碍他们成为好父母。

英国著名教育专家做过这样一个调查：对一万多名父母进行抽查，看他们的饮酒频率。结果显示：如果父亲抽烟、饮酒频率较大，那么孩子也会受到影响，从而一点点加大抽烟、喝酒的频率。

美国科学家在《儿科和青少年医学档案》杂志上，发表了一项新的研究结果：就算是孩子只有两岁大，对抽烟、喝酒还不是特别清楚，但孩子依旧会受到不良影响。英国专门研究吸烟对健康影响的专家说：父母吸烟，其子女吸烟的可能性是其他孩子的两到三倍。

由此可见，父母抽烟对孩子的危害和影响非常大。因此，喜欢抽烟、喝酒的父母们就要当心了，这不仅会影响自身健康，还会影响孩子的身心健康。当父母们发现孩子有抽烟、喝酒的行为时，要帮助他摆脱这种习惯。

1. 父亲要经常与孩子沟通，处理好与孩子之间的关系，并且让孩子放心、大胆地说出自己的忧愁与困惑，以免孩子用抽烟、喝酒来排解情绪。

2. 如果不是节日或遇到重大事情，父亲最好不要在孩子面前吸烟、酗酒。

3. 在孩子很小的时候，就锻炼孩子的意志力，这样孩子才能够抵抗住诱惑，做坚强和有主见性的自己。

进门之前，把坏脾气丢在家门外

在生活中，我们或多或少地会有自己的情绪。那么什么是情绪呢?情绪是一种很正常的心理产物，是一个人对外界刺激有意识的感受，是心理和生理上一种很自然的反应特征。良好情绪有助于身心健康，也会利于周围人的身心健康，而不良的情绪不仅不利于身心健康，也会对周围人产生不良影响。

在家庭教育中，父亲的情绪往往对孩子的成长有着直接的影响。相关研究表明，父亲的积极情绪对孩子今后的社会能力有着正向影响，而父亲的消极情绪则会对儿童的社会能力产生负面影响。

有这样一个故事:

有位父亲，脾气性格不太好，每天都像个“气包”。每当回家的时候，他的这种气就会撒到孩子身上。

晚上吃饭的时候，孩子的饭菜掉到了桌子上。父亲便抓着这件事一直批评，指责孩子的不是，委屈的孩子只得含着眼泪继续吃饭。

还有一次，孩子将水洒在了爸爸的文件上。没想到，爸爸抓起拖鞋就往孩子身上打。本来想道歉的孩子看到爸爸这样，就是不肯认错!

在这样的僵持中，孩子的妈妈出来主持公道，结果被父亲骂了一顿。在这样的环境中成长，孩子会变得越来越胆小，做什么事情都畏首畏尾的。

这位父亲的坏脾气不仅影响了孩子，还破坏了家庭的和谐。首先，家是团聚的地方，是温暖的地方，并不是用来工作的场所。如果父亲把工作带回家，那显然是不对的。其次，无论父亲从哪里受的气，都不应该撒在孩子身上，让孩子变成无辜的“泄气者”。

如果故事中的这位父亲能够学会控制自己的脾气，不把脾气带回家，那么家庭一定是个温暖的地方。

著名教育专家认为：父母的不良情绪不仅会影响孩子的心理，还会影响孩子的性格塑造和心理发育。

在生活中，我们每个人都经受着这样那样的压力。可是这种压力只能我们自己来承担，去找一些释放的方法，而不是把这种情绪转嫁到别人身上。如果父亲把自己的不良情绪带回家，向孩子发泄，那当孩子有了不良情绪的时候，又向谁去发泄呢？

下面，我们来看一下这个故事：

天天是个聪明、动手能力强的男孩。到了上学的年纪以后，父亲就把他送到了学校。可是，父亲发现他的脾气变得越来越大了。有一次，天天因为一点小事就和小朋友发生了口角。细问之下，才知道原来是父亲惹的祸……这到底是怎么回事呢？

一天，天天正在和小朋友们玩，这时，有个小朋友走过来昂着头对天天说：“你看，我爸爸给我买的新玩具！你没有！哼！”

天天说：“我也要我爸爸买！”接着，天天就跑回了家。可是此时他爸爸正在为工作加班呢，连周末都不能带他出去玩。

“爸爸，爸爸，我想要玩具！”

“一边玩去！”

“呜呜……我要玩具！”

“没看到我在忙吗？自己玩去！”爸爸生硬地回答他。失落的天天回到了小区公园，继续和小朋友们玩。这时，那个炫耀的孩子又跑了过来：“天天，你不是说你爸爸给你买玩具吗？”

天天只是低着头，不说话。

“哼！吹牛！我就知道你那个坏脾气爸爸不会给你买玩具的。”小孩子得意地说着。此时，天天突然将他推倒在地，并用双手捶打着他：

“叫你说，叫你说……”

后来，周围的大人拉开了他们……

虽然天天和小朋友的矛盾与父亲没有直接关系，却有着间接的联系。小孩子总想得到爸爸的关心和爱护，想要爸爸关注自己，而买玩具就是其中之一。当天天看到别的小朋友有玩具的时候，自己也想要，其目的是想得到父亲的关心和关注。可当他诉说自己请求的时候，父亲却因为工作的忙碌，将坏脾气发泄到了孩子身上，潜台词是：我都这么忙了！周末还在加班，不要来烦我！可在孩子的眼里，会认为：爸爸不爱我。为此，天天的情绪才如此低落。当小朋友嘲笑自己和父亲的时候，天天下意识地想保护自己和父亲，便与小朋友发生了矛盾。

如果父亲能够给予孩子一点关心，不要把工作中的坏脾气带回家中，简单地说一句：等下个周末去买好不好，现在爸爸有些忙。或者说：如果你乖一点儿，不吵爸爸，那我很快就会做完工作，然后带你去买好不好？如果父亲能够这样说，孩子就不会感染到坏情绪，然后把这种坏情绪带到别人身上。

由此可见，父亲必须控制好自己的情绪，不把坏脾气带回家。实际上，喜怒哀乐是一个人发泄情绪的一种表现。如果是好的情绪，当然是对身体有好处的，如果是不好的情绪，那我们就要懂得释放。

常听人说：生气伤肝。虽然我们懂得这个道理，却不懂得如何发泄情绪。下面有几种小技巧，父亲不妨学一学。转移法：当因为某件事生气时，先把这件事放下，去干点别的事情，让这种坏情绪通过转移来减小、消除；拖延法：当自己有情绪需要发泄的时候，可以在心中默默地数数，从一数到十，让情绪有个缓冲的空间，不至于因一时冲动而酿下大错。

如果父亲能把自己的坏情绪控制好，不把坏脾气带回家，那么家庭总会是和谐和温暖的。

别在孩子面前脏话连篇，小心他出口成“脏”

当人们发泄情绪的时候，最常用的一种方式就是：说脏话。在很多人的眼里，说脏话并不是什么大问题，也不会危害到别人。但实际上，说脏话的危害很大，尤其是对孩子。有一些父亲生气了就会脏话连连，好像说脏话才能发泄出自己的坏情绪。经过“水滴石穿”的演变过程，孩子就会受到影响，也变得爱说脏话了。此时，父亲一定要注意自己的言行。如果发现孩子不小心说了脏话，就要严厉制止。

有这样的一个故事：

小凯今年5岁了，是个活泼可爱又懂事的孩子。但不知道从什么时候开始，嘴里总是冒出一两句脏话来，比如“你真是个蠢猪啊！”“滚蛋。”

一个周末，父亲带着小凯参加朋友的聚会，而且还为他带了一个变形金刚，以免小孩子无聊。父亲的朋友见小凯来了，就故意逗他：“小凯，你的变形金刚怎么玩，教我好不好？”

当时，小凯很乐意地答应了。教了几遍之后，那位朋友还是装作不懂的样子，故意逗小凯。这时，小凯拿着自己的玩具，不耐烦地说了一句：“你怎么笨得像猪一样，滚开！”

听到这话后，父亲尴尬极了！那位朋友也假笑了几声，借口去了洗手间。接着，父亲严厉地批评小凯：“你这都是从哪里学来的！太没有礼貌了！”

“你不也这么说吗？你经常跟妈妈说……”小凯委屈地说道。

“你还说！兔崽子！”父亲气急败坏，朝他屁股上打了一下。

“凭什么你能说，我就不能说……”小凯哇哇大哭起来，本来一个好好的聚会，就这样被父子俩给搅坏了。

由此可见，父亲对孩子的影响有多大。如果父亲说了一些脏话，那孩子势必会跟着学。在潜移默化中，孩子不仅学会了，还会懂得举一反三。等到再说给其他孩子时，就为时已晚了！所谓好的不好学，坏的容易学。如果孩子也像小凯一样，在公共场合说这些，就不仅暴露了父亲的素质，也暴露了父亲的教育方式，既尴尬又难堪。

孟德斯鸠说过这样一句话：礼貌使有礼貌的人喜悦，也使那些授人以礼貌的人们喜悦。使用文明用语，有良好的举止，不仅能够体现一个人的内涵和修养，还能够影响别人的心情。

虽然说，没有修养和不懂得文明礼貌不会伤害到别人的肉体，但是会伤害到别人的心，也是在毁坏自己的形象。而这样的人，不仅没有办法获得别人的尊重和认可，还会引起大家的反感。

实际上，家人之间的以礼相待也是衡量生活质量的一种指标。如果孩子生活在一个“相敬如宾”的家庭氛围中，那么他在和别人相处的时候，就会懂得如何相待了，这会让别人觉得他很有礼貌。

当孩子上学以后，他所接触的东西就多了，遇到的人也多了。接着，他就会沾染一些不良的社会习气回来，比如说脏话。

一天，妈妈在做家务。突然，客厅传来了一阵骂声和哭声。原来，是 11 岁的儿子正在对着 7 岁的妹妹大吼：“快把我的东西放下，你这个蠢货！”年幼的妹妹被哥哥的一声怒吼吓得哭了起来。

闻讯赶来的妈妈问清楚原因后，批评了儿子，并表示这种事情绝不能再出现了。但是已经稍微懂事的儿子却说：同学在与别人争执的时候，也是这么做的。

等到爸爸回家后，妈妈就把这件事情跟他说了一遍。随后，爸爸找来儿子严肃地说：“儿子，欺负妹妹，骂人说脏话可不是一个男子汉该做的事情。如果别人那么做，你就应该告诉他：这是不对的！并且你要记住，说脏话的人只会让别人感到厌烦。”

在爸爸的一番引导和劝说下，儿子承认了自己的错误，并表示不再犯了。

从这个故事中，我们可以看出：男孩的行为是模仿了别人，是受到了别人的影响。在生活中，经常会有这样的情况发生。当年幼的、不懂世事的孩子听见别人说一句脏话的时候，就会觉得“很酷”“很厉害”，从而去模仿。当父亲发现以后，一定要去制止这样的行为。

在日常生活中，有些父亲不太检点自己的言行，孩子受到了他的影响，也学会了说脏话。因此，父子之间要使用文明用语，把说“谢谢”“对不起”“请”等当成一件自然而然的事情。如果父亲偶尔在孩子面前说了脏话，就应该坦诚地自我检讨：“刚才是一时冲动，才说出了那句话，这是不对的行为。以后，我一定会注意的。”

为了孩子今后的幸福，把孩子教育成一个有教养、有礼貌的人是非常重要的。当然了，如果孩子主动跟别人打招呼或使用文明用语的话，父亲就要及时给予表扬，让他知道人们喜欢懂礼貌的孩子。

你的不孝就是为孩子埋下不孝的种子

俗话说得好：百善孝为先。从这句话中，我们可以看出“孝”的重要性。孝顺是我国的传统美德，是一种爱心，是现代社会最基本的文明要求。

但如今，不孝顺父母的事例越来越多，与父母发生矛盾的事情也越来越多。对此，我们禁不住问一句：这个社会怎么了？

有人说，由于现在独生子女的关系，父母们总想和孩子做好朋友，建立一种平等的关系。但是在这种观念的灌溉下，孩子们变得越来越没大没小。有的孩子连对父母最起码的尊重都没有，大呼小叫的，甚至还故意惹父母生气。

有人说，孝顺？要是放在几十年前还可以探讨这个问题。现在的孩子都太自私了！总想着为自己，还说：等父母老了，送去养老院……真是不孝顺。

有这样一个故事，相信我们看了会有诸多感受：

在一个村子里，生活着一个贫穷的老头儿和他的儿子，他们相依为命，靠打猎为生。等儿子到了结婚的年龄时，老头儿就将几十年存下来的钱盖了两间房子：一间给自己，另一间给儿子和儿媳妇。很快，在村长的介绍下，儿子就和邻村的一位姑娘成了亲。

时间过得飞快，一眨眼的工夫儿媳妇就生了个儿子。有了孙子的老头儿，天天抱着孙子，又是逗他笑，又是陪他玩……孙子一天天长大，老头儿也老了，牙齿掉光了，连走路都快要走不动了。

一天晚上，儿媳妇包了饺子。当老头儿慢腾腾地来吃饭时，儿子慌忙把饺子藏了起来。老头儿进来后，儿子便对老头儿说："爹，你看，现在我们家的人口多了，赚钱的人也少……现在连饭都吃不起了。哎……天天都得喝菜叶汤。"

听到儿子的抱怨，老头儿尴尬地笑了笑，然后端着碗喝了起来。这时，孙子从柜子里端出一碗饺子说："爷爷，我给你吃饺子。"

"你个小兔崽子！叫你胡说，哪里有饺子啊！"儿子抬起手对着孙子就打，老头儿拦住儿子，对孙子说："乖孙子，爷爷不喜欢吃饺子。"

一边说着，一边抹眼泪。

第二天，儿子又对媳妇说：“不行！我得想个办法把爹弄走！”

“什么？你怎么能这么对爹？”

“怎么对他？家里这么多张嘴吃饭，我能养得起吗？”

“那我少吃点儿，给爹分点儿就行了！”

“你装什么好心！我决定了，让老头儿去闯闯吧！看看外边的世界也好。”儿子下定了决心，然后背着打猎工具准备出门。

这时，媳妇说：“那你就让爹带上一条毯子吧！”儿子想想也是，毕竟爹那么大年纪了，就说：“好吧，就让他带上一条毯子走吧。”

听到父亲这么对爷爷，小家伙出来说：“父亲，你不必给爷爷一条毯子，给他半条就行了，剩下的半条你先收起来。等你老了，我就可以把它送给你，让你也到外面的世界去闯一闯！”

在孩子年幼的时候，父亲吃苦耐劳，存下一部分钱，就是为了给儿子娶媳妇用。但儿子娶了媳妇，有了自己的儿子后，就嫌弃自己的老父亲，想要把他赶走。就连一碗饺子都舍不得让父亲吃，还想要年迈的父亲出去闯世界……这分明就是让父亲去死呀！真是太不孝顺了！在这样的教育和行为下，他的儿子也学会了“不孝顺”，懂得了以其人之道还治其人之身。这真是因果关系——儿子辈不孝顺父亲辈，孙子辈又怎么能孝顺儿子辈呢？

在家庭教育中，父亲的行为就是孩子学习的指南，一旦父亲的行为出现偏差和错误，自然就会影响到孩子。当我们不孝顺的时候，想一想：当我们呱呱坠地以后，是谁容忍我们的错误，无条件地关心和照顾我们？当我们遇到难题时，是谁一点点指引我们，并帮助我们解决难题？当我们吃不饱、穿不暖的时候，是谁扛起了一个家庭的责任，赚钱给我们吃喝穿住……

而当父母们难过了，我们做过些什么？父母遇上难题了，我们又是怎么做的？父母生病了，我们有没有询问过病情或端茶递水？当我们埋怨这事那事，无病呻吟的时候，父母们又在哪里辛苦着……

看看下面这个故事，我们就会为自己的不孝顺感到可耻了。

女孩 8 岁那年，父亲得病去世了。或许是上天的捉弄，女孩的母亲因风湿性心脏病发作，瘫痪在了床上。

曾经都是妈妈在操持家务，现在妈妈却只能躺在床上，什么也干不了，但是家里的事情又不能不做。因此，女孩便承担起了照顾自己，照顾瘫痪妈妈的责任。每天早上起来，她都要做饭、洗衣，干一切家务。

当时，她们家的条件很不好，每个月只有 200 块钱的生活费，生活得非常艰难。如果不节约用钱的话，她们会因为没有生计来源而饿死的。

那时，班里的学生课间都会买冰棍，但女孩从来不会买，因为她要把这些钱留下来交学费。即便是在这样的环境下，女孩依旧是班里前三名。当妈妈住院的时候，她就把家搬到医院，洗衣、做饭、写作业；当妈妈身体不适的时候，她就会为妈妈按摩；当妈妈身体疼痛的时候，她就会给妈妈唱歌、跳舞，以此来转移妈妈的注意力。

在她的努力下，女孩考上了本地的一所大学。当老师问她：这么好的成绩，为什么不考到北京去？女孩淡淡地说道：我要照顾妈妈，她不能没有我。

相信看到这个故事的人，都会潸然泪下。如此小的孩子就懂得什么是孝顺。在与妈妈相依为命的过程中，女孩小小的肩膀承担起了整个家庭的责任，洗衣、做饭、照顾妈妈，并且不耽误学习。“我要照顾妈妈，她不能没有我”，这句话足以说明女孩是个善良、孝顺的好孩子。

在这里，我们呼吁：要向这位女孩学习，学习她的孝顺。我们不仅要做一个孝顺父母的人，还要做一个善良的人。父母们要经常告诉孩子这些事情和道理，才会让孩子学习到榜样的力量，变得孝顺父母。如果一个人连孝顺父母都做不到的话，那么到了社会上，相信也不会有人真心待他。试想：一个人连最亲的人都不孝顺，又怎么能对陌生人好呢？有两个成语叫乌鸦反哺，羊羔跪乳。大致意思是说，老乌鸦老了以后，不能够寻找食物了，小乌鸦就寻找食物喂养老乌鸦；为了报答母羊的养育之恩，小羊每次都是跪着吃奶的。试想，连动物都知道感恩父母，更何况人呢？

因此，为了让孩子学会感恩，让孩子懂得关爱他人，父亲应该自己做表率，及早地向孩子灌输一些感恩和孝顺的观念，并让孩子养成一个良好的人格和品德。比如，如果家中有老人的话，父亲应该把好吃的留给老人，逢年过节的时候，给老人买些礼品或礼物；如果老人离得较远的话，就可以经常给老人打打电话，询问一下老人的身体状况。在这样的熏陶下，孩子就会懂得要孝敬、关心长辈，从而也关爱自己的父亲。可以说，身教的力量远远大于言教。

谎言很容易拆穿，在孩子面前做个诚恳的人

相信“狼来了”的故事大家都听过，这个故事告诉我们：撒谎是没有好下场的！著名心理学家说过：人类会不自觉地说谎。一项调查结果显示：一个普通的人每天说谎的次数达 25 次之多。可以说，人类是世界上最爱说谎的动物。

在童话故事里，有会说谎的匹诺曹，他一撒谎鼻子就会变长。但在现实生活中，我们却没有这种魔力。可能也正是因为这样，人们才肆

无忌惮，不考虑任何后果。其实，撒谎的危害性很大，尤其是在家庭教育中。

谎言的危害并非耸人听闻，父母作为孩子的养育者，他们不仅仅是家长，还是孩子的老师。如果父母对孩子说谎，那么孩子就会对父母不信任，甚至学习到说谎的坏习惯。有科学家研究表明，说谎不仅仅对人类的心理和生理健康有害，而且会给人类带来道德与信任的危机。

有这样一个故事：

星期天的下午，李刚带着 6 岁的儿子上街买书包。

父子俩骑车来到一家文具店，书包要 120 元钱一个。经过父亲再三的讨价还价，最后老板咬牙亮出底价："80 元钱，不能再少了，这已经是甩卖价了！"

人们常说：货比三家。为了不吃亏，李刚带着儿子来到另一家文具店，找到了一个和刚才那家文具店一模一样的书包。这儿的老板特别热情，笑眯眯地告诉父子俩："本店书包全城价格最低。"

老板指了指李刚手中的书包说："这一款书包，款式好，够结实！只要 60 元就可以拿走，不贵吧！"

李刚重复了一遍：60 元确实便宜，不过无商不奸嘛！这时，他仔细看了看书包，确实和前一家没什么两样，于是便说："刚才我们在那家店问过，这样的书包才要 50 元！"

还没等文具店老板说话，站在一旁的儿子着急地说："爸爸，爸爸！你怎么说谎呀？刚才那个叔叔不是要 80 元吗？"

李刚望了望老板，又看了看儿子，满脸的尴尬与无奈。赶紧掏出 60 元，拿上书包带着儿子灰溜溜地走出了店门。

这个故事告诉我们：说谎并不是一件好事，说谎不仅会带来别人的鄙视，还会给自己带来尴尬。故事中的父亲撒了一个小谎话，为的就是以便宜的价格买下书包，没想到天真的儿子拆穿了他。

实际上，讨价还价随处可见，像故事中的父亲的情况也有很多。不管怎么样，因为几十块钱就让儿子认为自己撒谎了，并学习到这种不良的习惯，真是得不偿失的一件事。因此，父母们要注意自己的言行，给孩子起一个好的带头作用。

无论在哪个地方，家庭都是孩子成长的重要环境，父母的言传身教可能会伴随孩子的一生。加拿大著名心理学家阿尔伯特·班杜拉认为，儿童可以通过观察、阅读、听他人讲述来学习模仿人类的行为。由此可以看出：孩子的可塑性极高，他们有着较强的模仿性，作为孩子人生第一任老师的父母，一定要时刻注意自己的言行。

在这里，我们要告诫父母：在孩子面前，说话时要讲究避讳，时刻注意分寸，表达方式一定要妥帖。否则，可能在无形之中为孩子树立不好的“榜样”。

不过有些父母会说：有时候的谎言并不是谎言，而是用来吓唬孩子或者是一句玩笑话呀！一点儿恶意都没有的。

没错，父母有时候的谎言并不是谎言，但是年幼的孩子不懂得分辨呀！要知道，孩子的想象力是非常丰富的，他们经常会缠着父母问：我是从哪儿来的啊？有些父母觉得难以回答，便撒谎说道：你是从商店买来的。孩子眨着无辜的眼睛，对此深信不疑。可随着时间的增长，孩子有了一定的辨别是非的能力，便会想：父母为什么撒谎呢？为什么骗我？是因为不爱我吗？

当然不是了！父母是爱孩子的，但有的问题确实不好回答，父母便选择以轻松的“小谎话”来躲过孩子的追问，但这样会给孩子带来不好的影响。

为了给孩子树立一个好的榜样，父母们要做一个真诚、不说谎的人。那么如何做到真诚、不说谎呢？那就要从生活中的小事做起。

不能在外表上下功夫

人们常说：眼睛是心灵的窗户。一个人是否真诚，从面部表情就能看出来。如果你只是表面上诚恳，但内心不诚恳的话，就会给人留下“巧言令色”的印象。

不能用欺骗的手段

欺骗也许能得到一时之利，却不能维持长久。当别人知道你欺骗过自己，日后便很难再信任你。因此，一定要用实际行动来表现自己的真诚。

不要小瞧孩子的能力

一些父母总是认为：小孩子懂什么？但其实，孩子要比父母想象中懂得多。只要父母稍微有些异样，孩子立即就能察觉。所以说，不要忽略孩子明辨是非的能力。

很多时候，父母会对孩子撒一些善意的谎。可孩子却不管到底是不是善意的，他们只知道：父母撒谎了。这样的行为会给孩子造成两种后果：一是说谎并不是什么大错，自己也可以拥有这种“品质”；二是对父母的认识产生偏差。因此，不论在何时何地，不论孩子在场不在场，作为父亲，都应该做一个诚实守信、不撒谎的人，这样孩子才能信任自己，从而建立起良好的家庭关系。

第五章

观念突破：想要教育好孩子，先要改变自己

“懒”父亲教男孩独立自强

我们经常会听到孩子说：“将来我要怎么怎么样”“如果是我，我会怎么怎么样”。而实际上呢，他们会这么做：

“儿子，帮妈妈拿一下拖把。”

“我在看动画片呢！你自己拿吧！”

“儿子，周末大扫除，你要干点什么呢？”

“我周末要复习功课，大扫除太浪费时间了！”

每当父母们想让孩子做点儿什么的时候，他都会找各种理由拒绝。有些父母心疼孩子，不舍得孩子吃苦，也不舍得孩子难过，就由着孩子的性子来，什么活儿都不让孩子做。时间一长，男孩就养成了懒惰的习惯。

一位心理学家曾说：“生性懒惰的人不会成为一个成功的人，生

性懒惰的人只会成为一个失败者。成功只会降落在那些辛勤劳动的人身上。”有一位哲学家说过：“世界上能登上金字塔顶端的生物只有两种：一种是鹰，另一种是蜗牛。资质低下的蜗牛能登上塔尖离不开两个字——努力。”行动迟缓的蜗牛一旦缺少勤奋的精神，就只能停滞不前。同样，懒惰的孩子也很难振翅高飞。试问，哪位父母不希望孩子将来能成就一番事业呢？所以说，父母们不仅要让孩子克服懒惰，还要让孩子知道：天下没有免费的午餐。

巴甫洛夫有一个“懒”父亲，在巴甫洛夫很小的时候，父亲就对他进行劳动教育。有一天，父亲把巴甫洛夫带到地里，用手指着一块翻好的地说：“儿子，我们在这片地里种满菜吧。”

巴甫洛夫皱着眉头说：“爸爸，可我不会呀！”

“不用担心，爸爸来教你。”

就这样，巴甫洛夫开始跟着父亲学种菜了，他拿着小铲子不停地翻土、撒种子、浇水，一天很快就过去了。几天后，种子就发了芽，巴甫洛夫觉得这是一件奇妙的事情！

几个月后，他们种的菜就快成熟了，爸爸就带着巴甫洛夫择菜、除杂草、施肥……后来，父亲又开始让巴甫洛夫学木工活儿，他买来了凿子、锯子，还有一些木头。他先做出了一个精美的小板凳，然后告诉巴甫洛夫板凳是怎么做出来的，好奇的巴甫洛夫便跟着父亲认真地学了起来。

没多久，巴甫洛夫就可以自己做简单的家具了。除了亲手教巴甫洛夫种菜、做木工活儿外，父亲还教会了他养花、除草、给树木嫁接等技法。

巴甫洛夫的父亲认为，孩子勤劳的手就相当于一双立足于社会的脚。

巴甫洛夫的父亲是个好的“懒”父亲，他把一个父亲的爱都倾注于孩子身上，却没有让孩子觉得有负担感。也正是父亲的“懒”，深深影响着年少的巴甫洛夫，让他从小就养成了不怕苦、不怕累、坚持“自己动手丰衣足食”的良好习惯。

与“懒”父亲相比，张先生是一位“勤快”父亲，我们来看看“勤快”父亲是怎么教育孩子的吧！

张先生有一个 11 岁的儿子，叫豪豪。豪豪今年上四年级了，学习成绩在班里排在中间，从一年级到四年级，他的成绩总是这样，不算好也不算坏。

张先生和妻子都是工程师，要经常去外地出差，便常把豪豪放在爷爷奶奶家。张先生和妻子非常疼爱豪豪，对他的生活和学习有着很大的“帮助”。比如：怕豪豪削铅笔削到手，就“帮”他把铅笔削好；怕豪豪背书包累着，就“帮”他背着书包……

张先生夫妇的过度疼爱，让豪豪的动手能力越来越差。每次班级有什么大扫除或者其他活动，豪豪都表现得很差劲，以至于同学们都不愿和他做搭档。而豪豪也会退缩，找各种理由来逃避集体活动。

在家里，豪豪的动手能力也被张先生一一“代劳”。除此之外，张先生不光给他报了美术班、外语班、奥数班，还报了作文班。一到周末，张先生就不辞辛苦地接送豪豪。

又到周末了，张先生要送豪豪走的时候，豪豪却装病，说不舒服，可能生病了。

后来，豪豪的这种情况越来越多，张先生就一直说他：“没用”“没出息”。为此，张先生还打过他，一副“恨铁不成钢”的模样。

爸爸的过度疼爱，让豪豪产生了依赖心理，从而导致他不愿动手动脑，遇到集体劳动就畏缩不前；爸爸过于勤快了，硬逼着他学奥数、学外语，他的这种教育方式，让豪豪产生了一种抵触和厌学的情绪。无奈的豪豪能做的就是靠装病来逃避。

豪豪装病的事情既反映出爸爸过于严格的要求，也反映出他自己意志软弱、不独立、不自强。

有很多父母都像张先生一样，过于勤快，以自己的思想来代替孩子的思想。这不仅让孩子失去独立思考的机会，不敢大胆说出自己的想法，还让孩子没有了自主自强的意识，遇事只会逃避、畏缩，不愿意参加各种集体劳动等。

其实，父母们不用“太勤快”，而应该适当懒一点儿，给孩子更多的自由空间，让他自由飞翔。孩子虽然小，但也有自己做决定的权利。当孩子能自己做决定的时候，父母们就要告诉他：要对自己的行为负责任。一个能对自己的行为负责任的孩子，就算是走出校门，走向社会，他也能够独当一面，保护自己的合法权益以及争取自己的权利。因此，父母们不妨做一个“懒”父母。

要知道，父母们的责任绝不仅仅是保护孩子不受到外界的伤害，还要帮助和引导孩子认识世界、应对各种困境。因此，父亲要学会理性地爱孩子，把对孩子的爱“藏”起来，才能让孩子拥有健全的人格，才能培养出健康、独立、自信的孩子。

今日复今日，今日何其少

在我们身边，不乏这样的一些父亲：工作中他们接到任务，总是拖上十天半月才会把工作做完；生活中他们今天能做到的事情，非要留到明天去做。这些父亲做事总是喜欢拖拖拉拉，一点儿时间观念都没有。

在这样的环境熏陶下，孩子也会学到这种坏毛病，变成“小蜗牛”，从而导致不守时、迟到之类的事件发生。因此，父亲要从小给孩子灌输时间观念，让他们了解到时间的重要性。不管是在学习还是生活中，都一定要按计划进行，严格按规定的时间完成，不要总是“来日方长”，说着“明天，明天，还有明天”。要知道，“明天”这个词不会变，但时间总是在不断地走着。

有这样一首诗，不知父母们有没有听过：“今日复今日，今日何其少！今日又不为，此事何时了。”这首诗告诉我们，一个人每天都在拖拖拉拉将事情推到明天，那么今天的事情将永远完不成。如果孩子养成了这样的坏习惯，那么无论他们做任何事都将一事无成。

一个周末，李先生和儿子准备一起打扫车库。打开门，映入眼帘的是扳手、轮胎、废油，到处都是用过的汽车零件，还有一个废弃的冰箱，一个破损的电扇，以及一堆没用的杂物。儿子看到这些，皱着眉头抱怨真不知从哪儿下手。

李先生走过来扶着儿子的肩膀说：“没事儿，我们只要每次做一点儿就行。”

于是李先生和儿子先从地板开始，然后是抽屉中的东西，再是桌子上的东西……

一下午过去了，车库看起来非常干净。儿子欢呼起来。

其实，我们都知道拖拖拉拉是不好的行为习惯，但就是不自觉地去拖延。那么究竟是什么让人们去拖拉呢？导致人们去拖延事情的原因有很多，比如：对要解决的事情感到盲目或者害怕失败，还有一些做事完美主义等，但最常见的原因恐怕是懒惰吧。

下面详细地列举了数条爱拖延的原因，看看拖拉的“小蜗牛”“身中几枪”？

1. 缺乏紧迫感。有些孩子经常觉得事情很简单，没必要现在立刻做，只要很短的时间就可以完成。有的时候是希望借助这种紧迫感促使自己很快进入做事的状态。

2. 分不清主次。有些孩子常常被许多琐事叨扰得分不清哪个是重要的哪个是不重要的，也不知道哪个紧急哪个不紧急，而时间就在那些琐碎的事中慢慢溜走，到头来丢了西瓜捡芝麻。

3. 缺乏自信。一些孩子起先不知道这件事情从何做起，然后又觉得很枯燥无味，最后迟迟不想动手。还有一个原因是，之前做事的时候很多没有达到预期的效果，而让自己觉得很挫败。

4. 缺乏一定的自制力，无法静下心来做一件事，不能在规定的时间里做完事情，总是被其他情绪所影响。

简而言之，这些原因都反映出一个现象——找借口。想想拖拉者是不是经常有这样的借口：“啊，我不知道怎么做”“今天比较累，明天吧”“我从来没有做过这事啊”“哎，要是做不好怎么办”。如果有这些借口，那么我们就要反思了。

其实，克服拖拉毛病最重要的就是：要有坚强的意志。不管事情是大还是小，都要用坚韧的意志力去控制自己按时完成一件事情。但是大多数孩子性格还未定型，在性格里缺乏这种意志。所以，他们做事时才会离目标和计划越来越远。面对这种情况，父亲不要灰心丧气，下面几种方法能够帮助孩子们克服拖拉，最终让他们能够按时完成应该完成的任务。

没有“必须做”，只有“想要做”

如果有什么事情让孩子感觉到是“必须”要做的，那么他就会不由自主地产生一种抵触的情绪，孩子也是一个独立的个体，需要尊重，当他感到“被迫”去做时，自然会产生这种情绪，于是就会出现拖拉问题。

解决这个问题的办法很简单，那就是父亲将“必须做”的思想通过语言让孩子感觉到是他自己“想要做”。例如，当需要孩子每天跑步锻炼身体时，父亲切不可说，“每天必须坚持跑半个小时，否则减少看电视的时间。”这样做，只会适得其反，让孩子反感。

其实很简单，父亲只要问孩子是否想要一个健康的身体去玩耍，如果想要身体健康，那么就需要坚持锻炼，如何锻炼呢？可以选择跑步。再告诉他不是只跑一天就可以身体好的，要每天坚持，这样身体好了才可以有力气去玩耍。这样，孩子就明白了跑步是为了能够拥有好的身体去玩耍。这种从被迫变为主动的方式很容易被孩子所接受，父亲何乐而不为呢？

给孩子规定事情完成的时间

很多孩子拖拉是因为他们有太多的时间，所以就把事情推到一边先玩再做。父亲应该在告诉孩子做什么事情的时候给他规定一个时间，如设定在 10 分钟、30 分钟或其他你觉得他能够完成事情的时间。比如：打扫屋子需要 15 分钟，就告诉他这件事情你可以在 15 分钟之内做完，当然如果你 13 ~ 14 分钟做完的话，就会有一个小奖励——棒棒糖。棒棒糖可以激发孩子去迅速打扫屋子，更能帮助孩子集中注意力去做这件事。

消除外界干扰

孩子做事的时候，父亲应该关掉一切电视、电脑、音响以及消除任何细小的干扰，即任何能影响孩子注意力的事。这些外界的干扰会中断孩子现有的活动，如果孩子被其他事情所吸引，就产生了拖拉。

因此，父亲在孩子完成一件事情的时候，最好消除或解决任何有可能影响孩子的外界因素。

那么，如何才能帮助孩子改掉拖拉的坏毛病呢？

让孩子知道“拖得了一时，拖延不过一世”

孩子之所以在家里和在学校的表现不一样，那是因为他在学校有约束性，有对比性。如果他不做好的话，老师会批评他，同学会小看他，甚至会远离他。而在家庭中不一样，父母不会惩罚他，更不会给他制定一些死规定，非得让他做到。

实际上，孩子会有拖拖拉拉，慢慢吞吞的坏毛病，是一种心理逃避。他们认为，以后的事情就以后做吧，只要今天舒服就行。慢慢地，他的这个“坏毛病”就越来越严重。著名心理学家、教育学家经过研究发现：男孩拖延时间，有三分之一的原因是自我欺骗，另外三分之二的原因是逃避现实。他们之所以坚持这样的拖延行为，是因为他们从中得到了一些“好处”。比如：通过拖延的方法，可以不去做那些让自己头疼的事。他们认为，有些事情自己肯定不会做，就算做了也不会做好。与其有这种顾忌，还不如把这个念头丢掉，从而变得轻松起来。

逃避的行为让孩子觉得心安理得，除了拖延时间，他们会觉得自己还是个实干家，或许能称得上是慢一点儿的实干家。虽然他们会这样想，但他们一点儿也没想过要去改变。

实际上，人的本质都是懦弱的。要是从这一点上来说，拖拖拉拉和犹豫是最合乎人情的弱点，但是正因为它合乎人情，没有什么明显的危害。所以，孩子们才会在无形中耽误了很多事情，父母才会有那么多的烦恼。

父母们要让孩子知道：拖得了一时，拖延不过一世。孩子今天用“拖延”躲避了一些困难，但是明天呢？孩子这种拖延的方式又能达到什么目的呢？所以说，父母们要让孩子克服这种坏毛病。

让孩子确认目标

在生活中，很多男孩都因为拖拖拉拉而搁置了很多想法，比如：梦想、计划。这一切都是因为孩子没有坚持下去，而他又为自己的拖延找到很多借口。

比如："这件事可以放一放""我今天已经做了很多事情，可以奖励自己放松一下了""明天什么事也没有，不如明天做""今天天气不错，不能只待在屋里"。

所以，父母们要让孩子明白，要想实现自己的梦想以及计划，就不要拖延，要今日事今日毕。比如：拟定计划表。父母们要让孩子制订出一个计划表，然后把计划表中不必要的东西删除掉，最后让孩子严格按照计划表来做；给孩子选择的机会。比如：你准备花 5 分钟去做还是 10 分钟呢？当父母让孩子做什么事情而孩子说"等等"的时候，父母要严肃地告诉孩子：现在就要去做，做好了叫我，我要检查。然后等着孩子开始行动。

让孩子"自食其果"

让孩子感受一下"自食其果"。比如：孩子的家庭作业本来可以半个小时就做完的，但是他已经磨了两个小时都没有做完。这时，父母要明确地告诉孩子：9 点钟之前必须做完，如果你做不完的话，就不要再做了。如果 9 点钟孩子还没有做完，父母就要严格执行规定，不让他写，孩子完不成作业，肯定会受到老师的批评。只有让孩子了解到这个后果，孩子就会乖乖地完成作业，从而摆脱拖拖拉拉的毛病。

父亲都“对”了，又能怎么样?

在家庭教育中，很多父亲都会站在自己的角度上，以此要求对方，要求孩子。可是他们这样的做法，真的对了吗？他们的这种做法，对孩子的教育有帮助吗？我们暂且不说谁对谁错，而要先明确一点：为了孩子的教育，我们应该尝试改变自己。如果父亲采取一种“自以为对”的教育方式，孩子就会在“对”中错下去。

李先生的儿子今年 15 岁，别看他儿子年纪不大，但抽烟、喝酒、逃课、上网全都学会了。更令人头疼的是，儿子竟然整天和社会上的闲散人员混在一起，还经常夜不归宿。

有的时候，李先生气急时还会打儿子一顿，但儿子还是不听话，依旧这样。为此，李先生很苦恼：就算是儿子荒废了学业，我也认了！可是他这样跟着别人学坏，真怕他会出什么事!

实际上，李先生非常关心儿子。在儿子住宿的时候，他隔三岔五往学校送好吃的、好穿的。除了上班，李先生基本把精力都用在他儿子身上了。儿子说要什么，马上买；说要吃什么，马上买过来；说要出去玩，给他足够的钱，让他尽情地玩。可是，儿子还是变坏了……

无奈之下，李先生找了一家心理医院进行咨询。在心理医生的询问下，才知道原来李先生和儿子的关系变成这样以及儿子变成这样，根本原因只有一个——父母的离婚。

心理医生对他说：孩子缺少的并不是物质方面的需求，而是精神上的关爱，来自父母的爱，一个完整的家。在孩子年幼的时候，正是学习和成长的时候。无论是在家庭还是学习中，孩子都需要强大的精神力量来支撑。可是，就在这个关键阶段，父母却选择了离婚，选择了拿走对孩子的一部分爱。也就是在这种情况下，孩子才会慢慢丧失了完整的家庭，丧失了对待困难的信心和勇气。也因此，孩子的学习成绩不断下滑。

听完心理医生的分析之后，李先生点头称是，但他更不明白的是：学习成绩好坏无所谓，这并不能决定孩子的人生。可孩子现在跟着社会上的人学到了不好的习惯，也学坏了，学会了偷家里的钱给别人花……这样的孩子，他怎么能放心呢？

看李先生如此苦恼，心理医生又说：当分辨是非能力较差的儿子离开纯净的学校后，面对的就是一个充满诱惑和残酷的社会。在这样的情况下，孩子又怎么可能做一些有益的事情呢？其实，孩子变成这样，也不能把责任都推到孩子身上，而要意识到自己的错误，自己的责任！

后来，在心理医生的指导之下，李先生明白了自己的错误，并找来了前妻商量对策，想要把孩子变成原来那个听话、乖巧、学习成绩好、人见人夸的好孩子。

在与前妻的理性分析和谈话中，李先生明白了：在家里，没有必要去争强好胜、固执己见。两个人争吵的目的，就是想证明自己是对的。可即使自己对了，那又能怎么样呢？想一想，难道谁对谁错，比夫妻恩爱还重要吗？比家庭幸福还重要吗？比让孩子有好心情还重要吗？比孩子的身心健康还重要吗？

在坦诚相对以后，两人都做了自我检讨。最后，为了儿子的身心健康，为了能够给孩子一个完整的家庭，为了弥补两个人的过错和挽回曾经的爱，李先生决定与前妻复婚。

当李先生和前妻复婚两个星期以后，孩子的精神明显变好，上网次数减少了，出去玩的次数也少了，还主动要求回到学校，考一个好大学呢！

在不久后的一次考试中，李先生的儿子获得了班级第三名的好成绩。为此，李先生非常感谢心理医生的指导，感谢心理医生能够给予他帮助，并帮助孩子重新返回校园。

看完这个故事，我们真切地体会到了"父母掌握着孩子的命运"这句话。试想，如果每个人都因为自己的争强好胜，去证明"我才是做对了的那个人"，那最终的结果只能是感情破裂、家庭破裂。可在这个时候，谁才是吃大亏的人呢？无疑是孩子！在家庭破裂的时候，孩子才是牺牲品。

当孩子的心四处流浪的时候，会遇到各种各样的诱惑和引导，即使这种引导是错误的，孩子也会走下去。他这样做，一是为了报复父母不负责任的行为；二是自暴自弃，因为他认为"没人会在意我"。

当父母们在为"谁对谁错"争吵的时候，想一想当初为什么两个人会相爱？会结婚？会生孩子？不就是为了能够幸福地生活在一起吗？当时，彼此都能看到彼此的优点和彼此吸引人的地方，为什么在争吵的时候却被冲动蒙蔽了双眼呢？

在这时，我们不妨想想自己的行为有什么后果，会带来什么伤害——孩子整日想着破裂的家庭，无法静下心来；孩子厌学，逃课……；孩子缺乏安全感，才会自暴自弃；孩子会因此怀疑一切，甚至仇视一切，从而沾染上不良习气。

因此，为了让孩子有一个完整的家庭，为了能好好地教育孩子，父母不要在家里坚持"我才是对的"。这样的结果，只能是伤害孩子和家庭。

家，不是讲理的地方

有句话叫“有理走遍天下”。意思就是说，只要你有理，到哪里都能理直气壮，都能够令人信服。可是，在家庭中这句话却没有什么作用。

对于这个观点，家庭教育研究人员进行了一项“家里需不需要讲理”的问卷调查，调查的结果是：30% 的人赞成，他们认为家里也需要讲道理，不然家就没有原则和规则了；50% 的人不赞成，因为与家人讲道理有点得理不饶人的感觉；20% 的人中立，他们认为：得分什么事，该讲理的时候讲理，不该讲理的时候不讲，任何事情都要有一个度。

虽然看完这个调查结果后，我们并不是很明确“家里需不需要讲理”，但我们都相信：清官难断家务事……每个人都有每个人的道理。不过，一位“过来人”却告诉了我们一个肯定的答案。下面，是一对父母写给女儿的信，信中不仅有对女儿的祝福，也说出了自己在婚姻中的经验。

亲爱的女儿：

当爸妈听到你要结婚的喜讯时，感到非常高兴。虽然你嫁到了远方，与我们相隔千里，虽然我们不能在婚礼上致辞，有点遗憾，但是我们爱你，我的宝贝。

当你告诉我们婚讯时，我和你妈沉默了很久，心想：我们的孩子长这么大了？后来，你妈对着镜子淡淡地说道：是啊，你看看我们的头发都花白了……

看着一丝丝的白发，一个个故事和琐碎的情景涌入脑海。接着，你妈提醒我：还是给女儿写一封信吧！就当是送女儿的一份新婚礼物。

亲爱的女儿，我们只是世界上最平凡的父母，我们要求得不多，只是希望我们的孩子在踏上婚姻之路，走向人生之旅后，能够心怀感恩，一路平安。在这里，作为一个父亲要给你一些生活的感悟。

首先，我要告诉你：家不是一个讲理的地方。虽然乍一看，这句话没有什么道理，但它确实是真理，是无数夫妻、无数家庭用时间、用爱、用辛苦、用对错一点点积攒下来，从而得出的感悟。

当夫妻之间开始据理力争的时候，家里便开始蒙上了一层阴影——两个人说出一些算不上道理的道理，会敌视对方，伤害对方，最后只能两败俱伤，难以收拾。此时，他们不知道，家不是讲理的地方，不是算账的地方。

那么，什么是家？家又是什么地方？女儿，在我们还年轻的时候，也像许多夫妻一样，为一点儿小事争闹不休，甚至闹到要离婚的地步。当然了，最终我们还是没有那样做。

有一天，我的朋友在他孩子的婚礼上说“希望你白头偕老，相爱永远”的时候，我突然意识到：家并不是讲道理的地方，而是讲爱的地方。两个人相爱一时很容易，但相爱一生一世却不容易，所以我们要耐心去总结和体会。

其次，婚姻是一个空盒子。你需要往里面放东西，才能得到你要的东西；你放得越多，得到的也就越多；放得越少，得到的就越少。

很多年轻人在结婚的时候，对婚姻有很多期盼：期盼得到富贵、慰藉、爱情、宁静、快乐和健康。婚姻并不能给我们现成的东西，而是需要我们去创造，去养成一个习惯，去给予，去爱。日后，你才会得到你想要的东西。

婚姻是一种艺术，到处充满了艺术，即便是吵架，也是一种艺术。曾经，我听过这样一个故事：一对夫妻为了孩子的一件小事吵了起来，他们越吵越凶，越吵越生气。突然，妻子说了一句：等一下，我要去生孩子了。

瞧，这就是吵架的艺术。

有一位作家说过：你们生养他、教育他，你们的责任已尽，而你们给他的最好的礼物，是一对翅膀。亲爱的女儿，这封信就是爸妈送给你的结婚礼物，希望你带着我们的祝福，快乐地飞翔。

——爸爸　妈妈

看完这封信，相信父亲应该能明白：家并不需要争论谁对谁错，而是互相迁就、互相尊重、互相爱护。不论是对待妻子还是孩子，都要记住这句话。

家，应该是温暖的，充满爱意的，不要让琐碎的事和一时的冲动变成敲碎情感的锤子，也不要把“讲理”变成伤害亲人的尖刀。只有父亲做到了这一点，孩子才会在潜移默化中懂得这个道理。

说话刻薄的父亲应该多反省

在生活中，我们经常会看到一些言语尖酸刻薄的父亲，他们总是奚落和批评孩子，好像孩子身上没有一点儿优点一样。即便是在陌生人的面前，父亲也会不住地指责“不争气的东西”“真是后悔生了你”“我这是造了什么孽，怎么会有你这样的孩子”……

殊不知，在这样的打击和怒骂下，孩子的自信心和自尊心就被父亲摧毁了，还会影响到父亲与孩子之间的关系。严重的话，还会影响孩子今后的成长。

有这样一个故事：

开完家长会后，爸爸忍不住数落起小明来：“我早就跟你说过，一定要好好学习，在学校要遵守纪律……你为什么总是不听话，每次都害得我在家长会上出丑。”

小明委屈地说：“我又不是故意的，老师讲的课我总是听不懂，而且班里调皮的同学总是干扰我……”

还没等小明说完话，爸爸就打断他说：“唉，我怎么就摊上你这么个一无是处的孩子呢？学习不好，态度不好，还很懒惰，让你做的事情没有一件是让我满意的。这也就算了，为什么还总是惹祸呢？为了你，我赔了多少笑脸，挨了多少次批评了？”

听着爸爸的话，小明本来想说些什么，但还是忍下来了。因为不管他说什么，爸爸都只会反驳他，并且继续批评他。

由于长时间被爸爸数落，小明变得越来越没有自信，甚至真的认为自己就是一个一无是处的人。慢慢地，小明也放弃了努力改变的想法，并且破罐子破摔。

相信像小明爸爸这样的父亲并不少见，由于对孩子抱有太高的期望，或者孩子的表现的确不尽如人意，在“恨铁不成钢”情绪的催动下，他们就看不到孩子的优点，只看到处处不如别人的缺点，并对孩子的这些缺点表现出十分不满的情绪，从而认为自家的孩子没有什么优点。

实际上，像这种只看到孩子的缺点而忽视孩子的优点的教育方式，不仅对孩子走向正确的道路没有任何帮助，还会影响孩子今后的人生，比如：毁掉孩子的自信，浇灭孩子的热情，让孩子变得越来越糟。

如果父亲想要孩子得到全面发展，那首先要改掉自己的态度，不要对孩子太刻薄，而要正确地看待孩子。只有端正了自己的态度，树立起正确的观念，父亲才不至于使教育偏离正确的方向。

下面这三点建议，可供父亲参考：

1. 父亲不仅要知道人非圣贤孰能无过，还要知道人不是十全十美的。每个人都有优点和缺点，都会犯这样或那样的错误，对于这种情况，成人都无法避免，更何况孩子了。因此，在孩子成长的过程中，父亲应该正确对待孩子身上的缺点，并对他们做出准确而全面的评价，从而引导孩子不断改进，不断走向成熟。

2. 如果孩子身上的缺点比较多，父亲就更应该给予孩子更多的关心和爱护，要更加悉心教育和积极引导。比如：当父亲意识到孩子的缺点时，可以多想想孩子的优点；在批评孩子的时候，父亲不要忘记对其良好的表现进行表扬和鼓励；父亲需要对孩子进行全面而合理的评价，要学会管好自己的嘴巴，千万不要说一些“你根本就没有优点”“你彻底没救了”之类的话语，这样只会严重伤害孩子的自尊心。

3. 学会正确地看待和评估孩子的行为。要知道，这种做法是保证父亲与孩子之间进行顺畅沟通的前提。像那些总是戴着有色眼镜看孩子的父亲，一定要多检讨和反思自己的行为，从而及时改正。

有这样的一个小故事：

某天芳芳放学回家后，对爸爸说：“爸爸，我不想上学了！”

听到芳芳这样说，爸爸有些诧异：“为什么这样说呢？你不是觉得上学很有意思吗？”

“以前是，但现在不是了！今天老师说我笨，教过的东西学不会，连同学们也笑话我。他们说我‘是个大笨蛋，应该回家去’。”芳芳说着说着就哭了。

面对这种场景，你会怎么说呢？你会说“谁叫你的表现那么差呢？怎么老师不说别人，偏偏说你呢？”还是说“没关系的！每个人都有做得不好的时候。不要在意别人的嘲笑。如果你不想被老师说，不想被同学嘲笑，那就把不懂的问题弄清楚。如果你有不懂的问题可以问老师，也可以问我。”

如果是前者的话，孩子就会变得越来越没有自信，不想上学，甚至厌学。如果是后者的话，孩子则会因此重振信心，再次挑战难题，并且亲子之间的关系也会更进一步。因此，父亲不要把尖酸刻薄用在孩子的身上。

真的不是孩子的错

随着家庭教育方式的“另类”，孩子也变得“另类”起来。在学校中，他们敢说敢为，处处标新立异，不管对错与否，只要和别人不一样就好了；在家庭中，从来不懂得让着亲戚家的孩子，他们认为“孔融让梨式的弱智”是可耻的，是不值得推崇的。他们认为，面对如此激烈的竞争，必须要以自己为先。

在一项关于“谁是你最尊敬的人”的调查中，日本和美国的学生将“父母”放在第一位置，而中国的学生将父母放在第三位以后。

从这项调查结果中，可以看出：“我的偶像是爸爸、妈妈”的观念已经消失不见。在另一份调查中，我们得出了这样一个结论：在中国，有 63% 的学生不知道父母的生日；有 43% 的学生不知道父母的年龄；相反，93% 以上的父母都记得孩子的生日、年龄、年级等。

当我们看到这样的结果时，是不是在想：现在的孩子都怎么了？是受父母的影响吗？他们做错了什么？难道说孩子的自私和冷漠是“自学成才”的？是无缘无故养成的？当然不是！这绝大部分要归结于父母的教育。

小风的父亲是一名商人，在老家做着一些小本生意，生活上还算富裕。可能是家里只有一个儿子，便对他十分溺爱。儿子长大以后，便上了外地的一所高中。入学没几天，小风就迷上了网络。还不到一个月的时间，他就把整个学期的生活费都挥霍掉了。后来，他就给父亲打电话，说没钱了。

听到这话的父亲，连午饭都没有吃，便坐 3 个小时的汽车来到了学校。当小风接过钱的时候，连一句“爸，你吃饭了吗”的话都没有说，就让父亲赶紧走。

父亲无奈地说：“天还早，晚点儿还有车……我还没吃……”

父亲的“饭”还没说出口，小风就不耐烦地说了句：“钱送来了，你还待在这干啥？你没事，我还有事呢！”

听到这样的话，父亲的心一下子凉透了。父子俩还没说上几句话，小风便生气地拾起地上的砖头准备砸向父亲，吓得父亲赶紧跑了……

看完这个小故事，我们不禁泪流满面！是什么让小风如此猖狂，竟然敢用砖头砸父亲？是什么让小风迷恋网络，不能自拔？细想一下，这竟然与父亲有关。如果没有父亲的纵容，一次次给孩子钱财，让他有足够的钱去上网，小风又怎么能迷恋网络？如果在小风第一次把钱砸在网络里，父亲就能够及时阻止，那事情也不会到这一步。

如果父亲不只是拿钱给孩子，而是耐心地指导和关心孩子，小风就会感到亲情的力量和温暖，就不会变得如此懒散。

实际上，现在能够影响子女成长、成才、成功的“变数”越来越多，也让父母们难以控制。也因此，有的父母就撒手不管，只身忙于事业；有的父母想给孩子一些关爱，却认为孩子就是享福的命，是要做大明星、大艺术家的人。于是，他们便奔波于各个实现梦想的“捷径”，妄想一举成名，像什么“超级女声”“快乐男声”等选秀节目，是吸引成千上万的父母和孩子的主要平台。在选秀中，有一部分人都到了疯狂的地步了。

的确，在选秀中总会有几个幸运儿，通过炒作一夜成名，进入名利场。可那些不幸运的孩子，却只能当作幸运儿的陪衬，“赔”了时间、精力，又“赔”了原本可以通过读书、学习获得成功的信念。

从这些方面看，造成这样的结果，确实不是孩子的错。父亲在指责孩子的同时，不如想想孩子为什么会这样做。

授之以鱼不如授之以渔

当孩子理直气壮地对父母说“给我一笔钱”时，他们是想用父母辛苦赚来的钱去享乐；当孩子以一种上级对下级的口吻命令父母“我一定要上重点大学”时，他们是想让父母利用自己的人际关系网，为自己的前程铺路；当孩子毕业后，天天蹲在家里并请求父母“给我找一份工作”时，他们是想让父母提着礼品和金钱在深夜敲响某老板或官员的大门……但是，这些并不是真正的魔术，而是隐藏在父母背后的小小诡计，如果父母没有金钱、没有地位、没有人际关系，只有几亩田地，那么孩子还会这样去要求吗？孩子还会使出这小小诡计吗？

其实，与其让孩子学习这些小诡计，不如让他们学习一些真正的“魔术”——百般技能和知识。即使最后孩子不能成为一个厨师、一个设计师……他们照样可以用自己所学到的技能，变出一个能够解决温饱，能够立足于社会的魔术——自力更生。

什么是自力更生？自力更生不是依赖外界的力量，而是凭借自己的力量把事情做好。

相信大家都听说过“石油大王”洛克菲勒的名字。他是闻名全球的富豪。大家都认为，既然他是富豪，那他的孩子一定过着锦衣玉食的生活。但我们都想错了，洛克菲勒家族的孩子既没有游泳池、网球场，也没有棒球场。在洛家庄园里，孩子们的身上不是什么名牌和奢侈品，而是一些普通的服装，玩耍的也是独立制作的玩具。

为什么他们那么富有，却过着寻常人家的日子？用洛克菲勒的话说："为了不出败家子。"也因此，他对孩子们进行着"平民化"教育。

为了让孩子们知道节约和避免浪费，他做了以下规定：零用钱要根据不同的年龄来给。10 岁之前，每周给三角零花钱；10 岁之后，每周给一元零花钱；12 岁以后，每周给两元零花钱。每周发放一次。而且，每一笔花费都需要有详细记录。如果是没必要的开支或是浪费的，那么在下周发放零花钱的时候，就要被适当扣除一部分。

洛克菲勒还鼓励孩子们多参加一些家务劳动，以此来获得零花钱。比如：在走廊上逮苍蝇，每逮到一百只就会给一角零花钱；在阁楼上捉耗子，每捉到一只耗子就给五分零花钱；还可以背柴火、垛柴火、拔草等。

在孩子还年幼的时候，就懂得如何赚钱了。当时不过 9 岁的二儿子纳尔逊（后来的副总裁）和 7 岁的三儿子劳伦斯（后来的新工业巨子）主动承包了全家的擦皮鞋活儿——皮鞋每双五分，长筒靴每双一角。可别小看擦皮鞋的活儿，干得多了，零花钱自然就多了。

不仅如此，洛克菲勒还要求孩子学习如何开垦菜园，种菜种瓜，除了满足自己家的需要外，还可以卖给附近的食品杂货店。在当时，纳尔逊和劳伦斯还合伙饲养过一批家兔，卖给了医疗所供他们做科研。

当第一次世界大战爆发的时候，洛克菲勒要求全家人像普通人一样把自己的状态转为战时的经济状态：食用少量的糖；配给每个人少量的面包；不吃肉类；不能外出游乐。正是因为这种严格和平民化的训教，才让孩子们逐步养成了节俭、勤劳和独立自主的好品格。

后来，小儿子戴维曾回忆道：“在我们很小的时候，父亲就教育我们把盘子里的食物吃光，不能剩下；不用灯时就要立即熄灭；不能乱花钱……这是令人憎恶的浪费和懒惰。”

看完这个故事，相信很多中国父母难以理解：洛克菲勒富甲天下，那些钱财几辈子都花不完，却舍不得给孩子太多钱……真是太苛刻了。其实，事实并不是这样的。洛克菲勒鼓励孩子们工作，是为了让孩子积累一些宝贵的人生经验，让孩子体会到赚钱的不容易，更是为了让孩子懂得付出与回报是对等的。在独立自主的过程中，孩子不仅收获到了可贵的品质和心态，还为今后的成功奠定了基础。

国外和中国的教育还是有一定偏差的，如果是一个有钱的中国人，他一定会把最好的、最先进的、最美的东西留给孩子，好像不把最好的东西给孩子，就是对孩子不关心、不爱护。而在国外，人们会对那些不劳而获却拥有大量金钱的人不屑一顾，而对白手起家创造财富的人给予尊重。他们认为：真正的快乐在于创造财富而不是白白获得财富，如果父母真的爱孩子，就不能让他们坐拥财富，而要让他们凭靠自己的真本事赚取财富。

在德国，父母们比较重视培养孩子“勤奋、自信、独立、乐于助人、正直、积极”的性格。他们会给孩子足够的空间，让他们自己独立去完成应该做的事，从来不做“全能父母”，去包办孩子的大小事。

在英国，父母们会让孩子养成一个良好的行为习惯：依靠自己的劳动来获得钱财。

在日本，父母们不仅鼓励孩子自力更生，靠自己的劳动赚取零花钱和管理零花钱，而且不能伸手向别人借钱。日本有句名言，大致意思是说：除了阳光和空气是大自然赐予的，其他的一切都要通过劳动获得。

也因此，有很多学生在校外打零散工。

近年来，由于日本经济不景气，日本人越来越推崇勤俭持家的观念。在日本，父母们会在每个月给孩子一定的零用钱，并教孩子们如何使用零用钱，如何储蓄压岁钱，如何节约用钱。在买玩具时，无论家庭的生活水平如何，父母都会说：玩具只能买一个，如果想要另一个的话，就需要等到下个月。在孩子稍微长大一些后，父母们会要求孩子记账并审查自己每个月的支出情况。

在美国，一位教育专家指出：“世界亿万富翁排行榜上，当你们看到美国人位居前列并占据一半的人数，且这些人在经济发展中占有一定的地位时，不要感到惊讶！因为他们的成功来源于从小就开始的理财教育，这是他们的回报。”

由此可见，独立自主、自力更生是每个父亲都应该推崇的信念和口号，并应对孩子进行引导，让他们从小学会自立自强。

家是最好的学校

家，是孩子成长的第一所学校。父母的教育，对孩子的一生都有着非常重要的影响。可以说，家庭教育是孩子接受学校教育和社会教育的基石。

父母是孩子的第一任老师，尤其是父亲。父亲在家庭教育当中，起着非常重要的作用。父亲的思想观念及言行将会直接影响到孩子。

在生活中，有些家长认为孩子到了学校，教育就是老师的责任，自己就不需要再花更多的心思在孩子的教育上，殊不知一个班有四五十个学生，老师怎么可能兼顾每一个学生呢？与其这样，倒不如家长们努力提升自己，学习一些心理学和教育学知识，让家成为最好的学校。

在人的一生中，有着很多不同形态的竞争。无论是在学校还是其他地方，人们都想做“第一名”，但是“第一名”只有一个，所以在竞争的过程中，有很多人都会沦为失败者。

那么，怎样教孩子真正认识自己，并快速找出自己的优势，从而得到有效的发挥，就显得尤为重要了。

父亲在教会孩子学会认输的同时，要培养孩子对失败的抵抗能力，提升他们在逆境中的抗压能力和心理承受能力。在必要的时候，孩子要懂得认输。这也就证明他们有了一定的抗压能力，对孩子的良好发展有着很重要的铺垫作用。

我们来看看下面这位父亲是怎样教育孩子的。

应幼儿园要求，王明去参加儿子的家长会。结束之后，幼儿园老师把王明拉到角落里说：“我给您提个意见，您别介意啊，您的儿子好像有多动症，他在自己的座位上连三分钟都坐不了，要不您带他去医院看看吧。”

回家的路上，儿子坐在车后座怯怯地问爸爸：“老师都说了些什么？”王明回想起家长会的内容，全班 20 位小朋友，只有他的儿子表现差强人意，便觉得心里一阵痛。到底该不该告诉孩子实情？王明的内心很挣扎。最终，他这样告诉儿子：“你们老师表扬你了，说你原来在座位上坐不了一分钟就跑了，现在却能坚持三分钟了。其他家长都非常羡慕我，因为只有你一个人进步了。”孩子舒了口气，高兴地从背后抱着爸爸。

在小学的家长会上，老师说道：“你儿子排在第 40 名，成绩很差，你最好能带他去医院查一查。”

走出教室，他神情黯然了。可当他回到家时，却对早等在桌前的儿子平静地说：“你们老师说了，你并不是个笨孩子，只要能够再细心些，你的成绩会更好。”说完这些，他发现，儿子黯淡的眼神一下子充满了光亮，仿佛下了什么决心似的。王明还发现，儿子每天上学都比以前要早。

后来儿子上了初中，又一次面临家长会。这次家长会让他出乎意料：直到最后，他都没听到关于儿子不好的事情。这下，他有些懵了，甚至有些不敢相信。于是，他在临走前问老师关于儿子的表现，老师告诉他：“按你儿子现在的成绩，考个普通中学还行，考重点高中不可能。”

听了这话，他惊喜地走出校门，并在心里做了个决定。在路上，他把手搭在儿子的肩膀上，鼓励道：“儿子，你们班主任现在对你非常满意，他说了，只要你再努力努力，就能考上重点高中……”

最终，他的儿子以优异的成绩考入北京大学。实际上，在考试前，王明就对儿子说过，相信他能考取重点大学。当儿子把一封北京大学的录取通知书交到王明手里时，突然跪在地上哭着说：“爸，我明白我不是个特别聪明的孩子，但是在这个世界上只有你能欣赏我，给我鼓励，教我如何面对挫折，虽然那只是骗我的话……”

听完这些话，王明再也抑制不住多年来心中的泪水，抱着儿子任由泪水流下……

故事中的儿子是幸福的，父亲的教育和引导，培养了他遇挫不后退，努力向前的品质。这种抗压能力不是先天就有的，而是通过后天的学习培养和教育慢慢获得的。

教育孩子也是一门学问，要想让自己的孩子健康成长，父亲就要转变自己的观念，采用科学的教育方式。

第六章

能力教育，父教的重中之重

注意培养孩子的创造力

创造力是孩子智力和能力的标志，也是决定能否成才的重要因素之一。有的父母认为只要孩子聪明，智商高就一定有创造力。但有的孩子智商很高，在长大以后却没有任何创造力，一生都是平平淡淡的。

实际上，创造力是可以后天培养的。如果孩子生活在一个民主的、宽容的家庭中，那么他就会健康成长，思维活跃，想象力丰富。如果一个孩子生活在“专制型”的家庭中，那么他就会处处谨小慎微，思维受到压抑，即使孩子在小学阶段是一个好学生，但随着年龄的增长，由于思想上长期的禁锢，他会在今后考大学或步入社会之后，受到一些阻碍，不能取得什么大成就。要知道，竞争如此激烈的社会需要的是有创新精神的人。

有一种毛毛虫天生具有“跟随者”的习性，它们盲目地跟随前面的毛毛虫走。因此，法国科学家法伯做了一个“毛毛虫之死”的实验。首先，法伯把若干只毛毛虫放在花盆周围的边缘上，首尾相接围成一圈，然后在花盆周围撒上了毛毛虫爱吃的松针。只见，毛毛虫一只跟着一只，绕着花盆边缘一圈又一圈地爬。很快，一个小时过去了，一天过去了，毛毛虫还是没有改变方向，不停地爬。直到它们爬了七天七夜之后，因为饥饿和精疲力竭而死去，尽管距它们不远的地方，就有它们爱吃的松针，但它们还是没有做出改变，而是盲目地跟随着其他毛毛虫。

如果它们其中有一只做出改变，它们也许就不会死……在实验结束后，法伯在实验笔记中写下了一句耐人寻味的话：“在这么多毛毛虫中，只要有一只稍微与众不同的毛毛虫，它们就能立刻避免死亡的命运。”

同样的道理，如果孩子们也像毛毛虫一样，喜欢跟随着别人走，那么他们今后的学习和发展就会受到影响。只有那些不囿于条条框框、充满好奇心的孩子，敢于向书本叫板的孩子，才有可能取得胜利，因为他们乐于寻找自己感兴趣的新事物，勤于思考、敢于质疑、勇于创新。下面，我们来给父亲介绍一些具体的方法，以达到培养孩子创造力的目的。

培养孩子的逆向思维

有这样的一个实验：在对孩子进行数学教育时，有的父母会问“1+4=？ 2+3=？ 3+2=？”……他们只注重孩子是否能做对，强调每道题的结果；而有的父母则会在孩子做完题的时候，再进一步引导孩子，比如：“5 等于几加几呢？”

这样的话，孩子就会通过动脑想到 5=1+4=4+1=2+3=3+2，从而培养了自己的逆向思维。而这种逆向思维的培养，对孩子的创造思维和学习能力有着十分重要的作用和影响。

善于启发孩子

有这样一个故事：

有一位学生，由于在中考中文科发挥失常，所以只考取了一所普通高中。后来，在几次全省数、理、化竞赛中，这位学生取得了十分好的成绩。对此，很多人都感到很惊奇，觉得不可思议。要知道，他所在的只是一所普通高中，在竞赛之前，老师根本没有对他进行过任何的单独辅导，而且他做的数、理、化课外题也非常少。可就是在这样的情况下，他竟然能在竞赛中脱颖而出，最终取得胜利。为了寻求真相，人们纷纷问这位学生是怎么做到的。这位学生说，每次做完作业以后，都会把作业给爸爸看。虽然他的爸爸只是一个有初中文化的农民，但他在教孩子上面有着自己的一套办法。

在家庭教育中，他属于“既管又不管型”的。为什么这样说呢？其实，他很少检查孩子的作业，当孩子做完作业的时候，他会一边干活，一边要求孩子把做题的思路讲给自己听，而且必须让他听明白。这位爸爸说：“你要是真的会了，就一定能给我讲明白，如果讲不明白，证明你还是不会！”

就这样，孩子在做每一道题时，不光认真地做，还必须把每一个细节弄清楚。等把思路捋顺之后，孩子就会把这些题讲给爸爸听，并且回答爸爸的任何疑问。

从小到大，虽然孩子很少做课外题，但他上课的时候非常认真。不仅要听得懂老师讲的每一道题，还很注意老师解题的思路、讲解的方法等。也因此，他的理科成绩十分优秀，所以才能在竞赛中脱颖而出。

从故事中，我们看到了一个富有创造力的孩子，但他的创造力是在爸爸的启发和疑问中得来的。在这样的家庭教育中，男孩的创造力自然得到了发展，并在日后的学习中取得了不错的成绩。

培养孩子的想象力

著名心理学家经过研究表明：一般人只用了大脑想象区的15%，要开发其他处于“冬眠”状态的地方，可以从培养孩子的想象能力入手。比如“会飞的房子、会改错的铅笔、会吐铁轨的火车等。要允许孩子异想天开，同时，父亲也要有一颗“童心”，引导孩子对一个问题寻找多种答案，从多方面考虑问题，防止定向思维的形成。

比如：父亲可引导孩子说出“砖头的用途”，答案越多越好：造房子、砌院墙、铺路、刹住停在斜坡的车辆、压东西、当锤子用、搏斗的武器……再如：当家里买了一条鱼时，父亲可以问孩子：这条鱼是什么品种？除了这种能吃的鱼，还知道哪些种类的鱼？等等。

实际上，生活中的每一件东西，都可以启发孩子的想象力，从而进行多角度思维的训练，培养出孩子的创新性思维。

培养孩子的兴趣

当孩子对某项活动产生了十分浓厚的兴趣时，他会积极地参加这项活动。在活动中，孩子就会不断地开动脑筋，获得相关的知识技能，从而进一步改进活动的内容和方法。

培养孩子的独立性

在家庭教育中，很多父亲认为：听话、顺从、不调皮捣蛋的孩子才是乖孩子、好孩子。有的父母娇惯、溺爱孩子，怕孩子添乱，所以不鼓励孩子做力所能及的事。

但实际上，父母们应该相信孩子，让孩子动手做一些力所能及的事。当孩子遇到困难时，父母就要鼓励和启发孩子努力克服和解决困难，不要事事代办。

珍惜孩子的好奇心

可以说，具有好奇心是孩子的特点之一，是探索知识奥秘的动力。

孩子的好奇心越强，他的想象力就越丰富，创造性就越高。

在生活中，孩子对很多事情都感到好奇，凡事都想弄个明白。比如：孩子想知道为什么手电筒会发光；为什么不倒翁推不倒；为什么一按按钮，电视就出现人像……于是，他们就会把手电筒、不倒翁拆开，还会捣鼓电视。

而孩子的这些做法都是出于好奇心，而这也是探求和创造的动力源。要知道，牛顿也是从苹果落地得到启发，才发现了“万有引力”；瓦特在年少的时候，也曾经为壶盖被水蒸气顶起而产生好奇心，从而发明了蒸汽机。因此，父亲要引导孩子大胆去想，允许他们创造性的尝试。

培养孩子良好的个性品质

从古至今，凡是能够做出巨大贡献的、富有创造力的人都具有一些良好的个性品质，比如：热爱事业、兴趣广、态度乐观、自信、有忍耐力、持之以恒、坚强等。

因此，父亲在重视和开发孩子的智力时，不能忽视对孩子非智力因素的培养，而应该放手让孩子多做力所能及的事，给他满足好奇心的一些自由。即便孩子做错了，父亲也应该因势利导，让孩子不怕失败，勇于进取。

培养孩子的语言表达能力

在生活中，有一些孩子学习成绩很好，对知识的理解也很到位，可是他们却不能很好地把观点表达出来。归根结底，这是他们语言表达能力不强引起的。

其实，孩子在语言方面或多或少地都有乐于表现的一面，作为父亲，应该激发孩子们的潜能，锻炼他们的口才，不要让他们的知识和见解被埋没了。歌德是 18 世纪中叶到 19 世纪初德国乃至欧洲最重要的剧作家、诗人、思想家，歌德除了在文学方面的造诣之外，在哲学、历史学、造型设计等诸多方面都取得了卓越的成就，备受世人的尊敬。他 8 岁就能阅读多种语言的书籍，14 岁便开始写剧本，25 岁的时候用了一个月即完成了风靡全球的小说《少年维特之烦恼》。歌德是举世公认的天才，这与他从小所受的教育有莫大的关系。

歌德的父亲是法学博士，也当过地方官。歌德小时候经常和父亲一起去林间散步，并在父亲的教导下背诵关于大自然的诗歌。长大后，父亲也会带着他一起去各地游玩，每到一处，就会给他介绍当地的风土民情和历史故事。在歌德的心目中，父亲是严厉的，是博学多才的。

歌德的母亲是当地市长的女儿，她从小就爱好文学。在歌德小的时候，母亲经常把他放在膝头，给他讲各种各样的故事，歌德常常听得如痴如醉。每到这时候，母亲就会故意停下来，让歌德自己去设想接下来的故事。正是在这样的锻炼下，歌德的想象力和语言表达能力都被激发了出来。在小伙伴之中，歌德往往无所不谈，妙趣横生。在家中，父母会专门为歌德举办各种宴会，歌德也逐渐习惯了在很多观众面前演讲，经常会博得大人们的赞许。母亲还经常带歌德去看木偶戏，回家后会要求歌德和小伙伴们重新排演节目，让他背诵台词、准备道具，后来就让他自己写剧本、扮演角色。在歌德成年以后，他仍习惯和母亲一起探讨创作。对于儿子的作品，母亲更是每本必读，并总能给予恰如其分的评价。

在歌德晚年的回忆录中，他曾这样写道：“这种儿童的玩意儿和劳作从多方面训练和促进了我的创造力、表现力、想象力以及一种技巧，而且在那样短的时间，那样狭小的地方，花那样小的代价，恐怕没有别的途径能够产生这样的成就了。”

歌德对于父母的教育方式一直非常赞成和感激，他曾感慨道：“从父亲那里，我得到了强壮的体魄和正直的人生观；从母亲那里，我继承了她乐观的性格和对于语言的表达能力。”

可见，歌德的父母对于孩子的语言表达能力和表演能力的培养非常重视。如果没有这样一对父母，很难说歌德的命运会不会发生巨大的改变。可以说，正是由于父母成功的启蒙教育，歌德的潜能才能被充分地开发出来，这为他后来的发展积累了宝贵的财富。

不得不说，歌德父母的一些教育方式直到今天仍然是有效的，父亲可以借鉴一二，比如给孩子举办一场小型的诗歌朗诵会，让他面对不多的观众，敢于展示自己。如果父母引导得当的话，孩子们就会逐渐乐在其中，久而久之，当面对更多的观众时，他们也能够毫不胆怯、大胆地表达自己的观点了。

培养孩子的语言表达能力是一个长久的过程，父亲的教育必须贯穿孩子成长的各个阶段。从出生到长大成人，每个时期孩子都会表现出不同的特点，作为父亲就要针对不同的情况，寓教于乐，耐心地引导孩子，开发他们的能力。具体来说，主要有以下几个阶段：

学前阶段，父母要激发孩子的语言天赋

3 岁以前，孩子一般还没有进入学校，但是这段时期，恰恰是最重要的启蒙教育阶段。所以父母作为孩子的第一任老师，学前教育的关键性不言自明。这个时期也是孩子大脑发育的最关键时期。

小学时期，父母应该着重培养孩子的记忆力

这时，孩子都已经步入了小学阶段。他们会面临一些学习上的任务，包括背诵、记忆等，这就对他们的记忆力提出了更高的要求。

因此，父亲应该着重培养孩子的记忆力，比如鼓励他们背诵诗词等，努力开发他们的能力。

小学高年级，父母要善于开发孩子的艺术细胞

孩子年龄较大的时候，如果开始学一种新的乐器，就会非常吃力，这主要是由于他们错过了最佳的时机。大脑额叶是大脑中控制思维、想象和语言创造能力的部分，10 岁左右，孩子的大脑额叶会飞速发展。这个时期对于他们来说，是一个关键的时期。如果过了这个阶段，他们大脑额叶的发展速度就会减缓，大脑中未经开发的区域也就会自动缩减。因此，在这个时期，父亲一定要善于开发孩子们的艺术细胞，培养他们对于艺术的兴趣。

父亲要多给孩子们创造机会，完善他们的语言能力

父亲要提升孩子的语言能力和表演能力，平时的积累就不能少。父亲平时要多为他们创造机会，要有针对性地组织一些活动，来开发孩子的天赋。相信每个父母都希望自己的孩子能说会道，那么，就从现在开始，每周给他们办一场小型的诗歌朗诵会，当他们最忠实的听众吧！

注意培养孩子的交往能力

著名的心理学家说过，人际关系作为心理健康的一个重要标志，它表现出一个人的心理适应水平。而造成心理疾病的主要原因，就是没有良好的人际关系。如果一个人的人际关系较差或者不会进行正常的人际交往，就会表现出：行为拘谨、胆小害羞、孤僻不合群、任性攻击等行为。

著名专家指出，只有相互尊重、懂得分享、善于合作、主动关心别人等这些良好的人际交往才能预防和治疗这类心理问题。美国总统罗斯福说过：在成功的公式中，最重要的一项因素就是能够与人和睦相处。良好的人际关系能够促进人类心理的健康发展，预防各种心理疾病。

孩子小时候基本上都是在家中接受教育的，现在大部分孩子都是独生子女，他们从小就被娇生惯养，许多事情根本不用自己去操心，父母早已代替他们全办好，这样一来，许多孩子就失去了与人交往的机会。而当孩子长大，需要与其他小朋友或同学接触时，就会出现这样或那样的障碍了。

良好的人际交往是一个人成功的必要条件之一。如何让孩子学会与人相处，就成为父母们需要研究的一个很重要的课题。

那么，到底如何培养孩子的人际交往能力呢？以下几方面内容可供父亲参考。

教孩子学会分享

孩子在上幼儿园或小学之前很大一部分时间都是在家中度过，孩子常常会“以自我为中心”，看到什么新鲜事物都想先自己尝试，根本不会想到其他小朋友也同样想要尝试，即使知道，也不愿意让给其他人，为此经常和其他小朋友吵架，甚至大打出手。这种现象，是人的天性表现，并不是孩子品质不好，只要父母正确引导，就可以避免。

因此，父亲在面对孩子的自私行为时，要多讲一些关于分享的故事，“孔融让梨”就是一个非常典型的故事，同时，父母们也要以身作则。不管是物质还是荣誉，都要与孩子一起分享，教导他们远离以自我为中心，要懂得公平、分享、礼让、合作等。这是父母培养孩子良好人际关系的第一课！

为孩子创设良好的家庭交往环境

家庭是孩子的第一所学校，也是最好的学校，所以，营造一种民主平等、和谐交往的美好氛围是父母必须做到的。在家中，父母要把孩子当成朋友，鼓励孩子敢说、爱说，让他有机会说话。家中无论大小事，在孩子理解的前提下，都应该让他们知道。尤其是关于孩子的事情，适当地让他参与讨论，让孩子敢于和大人说话，多听听孩子的意见，关注一下孩子的想法，家长不可一味地做决断。这样，当孩子走出家庭时，才能够大胆地与人交往。

给孩子提供更多的交往机会

父亲应鼓励孩子走出家门，去别的小朋友家串门，找小朋友玩耍。同时，也要允许自己的孩子主动邀请别的小朋友来家里做客。不要害怕孩子把家里弄乱，玩耍是孩子的天性。例如，家里买了新的玩具，父母可以提醒孩子邀请邻居家的小朋友过来一起玩。当邻居家的小朋友上门来玩时，父母一定要表示欢迎，消除孩子的恐惧心理，这时可以让自己的孩子拿出好吃的零食招待小朋友，拿出新玩具给他玩。这才能让孩子有充分的时间和小朋友交往，得到更多的交往机会，体验与同伴分享和交往的乐趣。

教导孩子要有礼貌

培养孩子拥有文明礼貌的行为习惯，是为了帮助他们成为受小朋友欢迎的人，让他们能够更好地适应社会。

父亲在平时的生活中一定要教孩子一些礼貌用语。比如：与人说话时，使用文明礼貌用语，如“请”“您好”“谢谢”“对不起”等。当孩子能够在别的小朋友或者其他人面前很好地运用礼貌用语的时候，通常都会得到对方的良好反馈，这在无形之中增加了孩子主动交往的信心，孩子会更愿意主动去交往。

尊重孩子的交往个性

父亲请不要过分地干涉孩子与人交往的方式。其实，每个人的个性都不尽相同，交往能力的提高不能只看孩子交友的数量。一个人独处，也可以成为一种很好的生活方式。如果孩子愿意用他自己的方式与人交往，那就请尊重他的选择。可以从旁引导，但不要强迫。

修正孩子交往中的不当行为

无论是大人还是小孩儿，都很有可能在交往过程中出现违背自己意愿的事。例如，一群孩子在一起商量玩什么游戏好，其他人都说玩丢手绢，而自己的孩子却想玩跳房子，这时，父亲就需要站出来告诉自己的孩子，要克制自己的愿望，和其他小朋友们一起开心地玩丢手绢的游戏。父亲应该告诉孩子：只有你愿意分享，别的小朋友有好东西时才会愿意分享给你；只有学会忍让，与小朋友友好合作，暂时克制自己的愿望，服从大多数人的意见，这样才能获得友谊。

当今社会，父亲培养孩子良好人际交往能力的愿望迫切，但要注意不要走入误区，否则会对孩子的性格形成产生极大的不良影响。下面就来看看有哪些误区是父亲要避免的。

孩子大声说话就表示会交际

孩子能够大声说话并不代表不怕与陌生的小朋友交往。父亲要正确引导孩子，告诉他用温和的口吻说话比大声嚷嚷更具说服力，这样才能保持友谊的长久。

孩子小，礼貌不周全没关系

一个孩子是否有礼貌，决定着他能否被周围的小朋友或大人所接受。懂礼貌的好习惯不是一生下来就有的，而是需要从小培养的。孩子越早懂得礼貌待人，就越容易被周围的人所接受。

杜绝“笨孩子”，只和“聪明”的孩子交往

有些父亲认为聪明的孩子学习就好，希望自己的孩子尽量和那些聪明的孩子做朋友。这在无形之中给孩子灌输了这种思想：聪明意味着学习好，不用和那些比自己差的人交往，也不必对他们付出同情心。其实，每个人都有自己的优势和劣势。即便孩子的朋友在某个方面不如自己的孩子，但是，总有值得自己的孩子去学习的地方。

父亲代替孩子交往

有些父亲担心孩子害羞或交往能力过差，就想要自己去帮助孩子与人交际。其实，这样的做法是错误的。如果只靠父亲的话，那么孩子什么时候才能学会独自面对他人呢？因此，父母们不要去干预孩子的人际交往，而要鼓励孩子大胆一些。

注重培养孩子的时间管理能力

对于我们每个人来说，时间管理是最为重要的！因为一个善于管理时间的人，总能高效地完成任务和工作，并取得良好的回报。

由此可见时间管理的重要性。父亲应该注重培养孩子的时间管理能力，只有这样，他才会很好地利用时间，而不是做时间的奴隶。

有这样一个故事：

陈先生苦恼地说："我儿子今年上二年级了，非常聪明，人见人喜欢。可是儿子有个毛病，就是做事太磨蹭！比如：玩游戏、穿衣服、吃饭等，效率极低！有一次，我让他刷牙，喊了四五遍！等过一会儿，我过来看的时候，儿子还站在那里摆弄牙膏盖呢；晚上洗脚的时候也慢，能洗上半个小时；上厕所，也需要二十来分钟；洗澡的话就更慢了，越在外面喊他，他越不出来，把人着急死了！

"等他把所有的事情都弄完了，作业就没有那么多时间来做了！儿子写作业的时候，总是不专心，不是翻翻书包，就是坐在那里玩橡皮，要不就是吃东西……

“无论我有多着急，多生气，儿子依然慢悠悠的，一点儿都没有着急的感觉。也正是儿子的这个坏习惯，经常被批评。在学校，因为迟到被老师批评；在家里，因为干什么都慢腾腾的被我批评……后来，我也被老师叫过几次，都是针对孩子的时间管理方面，一点儿都没有效率。我忍无可忍了，才对他吼几下。

“被吼几下，儿子就快一点儿，可是不吼他的时候，他还是慢腾腾的。真怀疑儿子上辈子是一只蜗牛。哎！我现在真的很担心儿子，担心他以后怎么办。”

实际上，像陈先生这样的苦恼，有很多父母都经历过：孩子动作太慢，做起事情来磨磨蹭蹭的。在学习当中，有很多孩子都有着喜欢拖拉磨蹭的坏习惯，不仅耽误了自己的时间，还影响了别人。

如何改变孩子的这个坏习惯呢？很多父母认为除了反复念叨和抱怨外，似乎并没有什么更好的办法了。实际上，父母们不必过于着急！因为孩子的时间观念并不是天生的，而是在后天的培养和环境影响中逐渐形成的。父母们只要知道孩子为什么会变得磨蹭，就可以对症下药了。

下面，为大家罗列出几点孩子喜欢磨蹭的原因：

没有时间观念

对于那些年幼的孩子来说，时间是比较抽象的。在他们的潜意识里，时间是无穷无尽没有用完的时候。也因此，孩子们体会不到时间的重要性。

除此之外，年幼的孩子随意性很强，自我控制能力也比较差，他们经常是一边吃饭，一边玩耍；一件事情还没有做完，就又想着另一件事情。而且，做事情杂乱无章，缺乏条理性，想到什么就做什么。

有依赖性

在家庭教育中，父亲什么事情都为孩子做，让孩子养成想干什么就干什么的心理。即便当父亲看到孩子有磨蹭的行为时，出于爱和关心也不断地迁就孩子。他们总认为孩子太小，长大后这种磨蹭的习惯就消失了。

慢慢地，孩子越来越依赖父亲，甚至觉得反正有什么事情都由父母来做，父母都会解决的！我着什么急呢！

缺乏兴趣

如果孩子缺乏对学习的兴趣，他就没办法把注意力集中到学习上。在学习或做作业的时候，就会硬着头皮应付。慢慢地，孩子不仅磨掉了自己的积极性，还会把学习当成一种负担。

天生的原因

有些孩子的“慢”是天生的！在父母发现孩子的“慢”之后，就应该指导和帮助孩子改掉这种坏毛病，而不是一味地责怪孩子。要知道，孩子天生的一些习惯是和父母的遗传息息相关的，因此，父母不能推掉自己的责任。

缺乏实践能力

在孩子大一些的时候，他们明白了什么是时间，知道时间并不是没有限制、没有尽头的。但是，他们缺乏对时间管理的能力，也因此，他们不会合理分配学习和休闲的时间，经常会把时间浪费在一些与学习毫不相关的事情上。这样不仅导致了重要的事情没有完成，还没有什么效率。

现在，父母们知道孩子拖沓、效率低的原因了吧。那么如何帮助孩子改掉这个坏毛病，从而让孩子变得有效率一点，不再磨磨蹭蹭呢？

首先，父亲要让孩子对时间有基本认识，让他明白时间是不能重新再来的，是一直往前的。

其次，父亲要教孩子认识时钟、钟表等，让他们认识到每天的时间是有限的；制定好一个时间表，并让孩子严格来执行，比如：什么时候该吃饭，什么时候该睡觉，什么时候该起床，什么时候去上学……当孩子们有了一定的规律后，那么他的时间管理就会变得好一点，效率也会变得高一些。

最后，当父亲与孩子在做游戏或玩的时候，也要与孩子约定一个时间段，比如：可以玩多长时间；到什么时间就不能再玩了；有多少时间是属于孩子，让他自由分配的。

通过这样的教育方式，孩子才会更加懂得时间管理的重要性，从而珍惜时间，变成一个高效率的孩子。

第七章

每个孩子都是天使，个性教育开放孩子的人生

淘气也是一种个性

著名作家冰心说过：“淘气的男孩是好的，调皮的女孩是巧的。”正是因为她怀着对孩子们的热爱，才寄语父母一定要正确看待孩子的“淘气”和“调皮”。

许多父母为孩子不断制造出的小“麻烦”而应接不暇。别嫌麻烦，这是他们在认知和探索这个未知世界。他们可爱，他们精力充沛，他们拥有强烈的好奇心，他们制造麻烦的过程正是不断走向成熟的过程。在这个调皮捣蛋的过程中，孩子们懂得了不断地创新，他们的动手能力也得到了提高和发展。

他们不停地摆弄着各种玩具，从众多相似的玩具中形成初步的概括力；他们喜欢玩捉迷藏，通过仔细观察，寻找蛛丝马迹，然后寻找目标，养成细致观察的好习惯；他们能把一根树枝当成奔驰的骏马、火

车、飞机等，把所看到的一切子虚乌有的东西想象得惟妙惟肖；他们玩的时候产生的舒畅、愉快、好奇的情绪不断激发和调动着他们的大脑神经活动能力。

由此可见，贪玩的孩子智慧多。为了验证这个说法，著名生物心理学家做过这样一个实验：将一批拥有相同遗传素质的老鼠任意分成了三组。

第一组，三只老鼠被关在普通铁笼中一起喂养，视为“标准环境”；第二组，三只老鼠被分隔在三个光线昏暗的小单间里，没有任何刺激，视作“贫乏环境”；第三组，十几只老鼠一起被关在一只宽敞明亮、设备齐全的笼子里，内设各种“玩具”及秋千、滑梯、小桥，视为“丰富环境”。

几个月后，心理学家发现：“丰富环境”中的老鼠最“调皮”，而“贫乏环境”中的老鼠却最“老实”。通过精密仪器分析发现：三组老鼠大脑皮层的厚度、脑皮层蛋白质的含量，脑皮层与大脑的比重、神经纤维的多少、脑细胞的大小、突触的数量、神经胶质细胞的数量以及与智力有关的脑化学物质等方面存在着明显的差异。“丰富环境”组的老鼠优势尤为显著。实验表明：在丰富的环境下，玩得越充分，大脑的发育就越发达。

以上实验可以看出，玩耍有助于孩子智力的发展，同样有助于许多非智力因素的发展。玩耍可以满足孩子好动的欲望，同时激发出他们的求知欲、好奇心及探索精神。善玩的孩子有许多优点，他们聪明、伶俐、乐观、朝气蓬勃、富有幽默感，他们乐于交往，充满幻想，勇敢大胆。所以，孩子的许多教育可以在玩中进行，不可只学不玩或多学少玩。

俄国当代教育家也说过，顽皮是孩子智慧的表现，是孩子所拥有的一种“可贵品质”。如果一个孩子一点儿也不淘气，就意味着他内在的智慧和创造力在沉睡，没有得到发展。如果一个孩子的童年整天都呆头呆脑地度过，等他长大之后，任何力量都唤不醒他沉睡着的智慧和创造力。父亲应该看到孩子顽皮的另一面，同时，不要经常像拔除野草那样“拔除”他的恶习。当美好的品质得到蓬勃发展时，那些恶习就会受到排挤而在孩子不知不觉的成长中自然而然地消失。

在一个健身的小操场上，几个六七岁大的孩子围在攀登架前，想要攀登上去，但是试了好几次都没有成功。围在他们周边的妈妈们不停地劝阻孩子不要爬高，担心他们一个不小心给摔下来。但孩子们对妈妈们的大呼小叫并不是很在意，甚至都装作听不见。因为他们不希望听到同伴说自己是胆小鬼。

一个年龄较大的孩子，经过自己不懈的努力爬上了高高的攀登架的顶端，他的脸上绽放出胜利的笑容。本该得到朋友们欢呼声的他，突然听到妈妈惊慌大叫：“齐齐，快下来，快下来，小心点！”

突然，齐齐的笑容僵住了。他看着妈妈的方向，停在那儿无所适从。随后慢慢地垂下头，身体一点一点地往下挪，目光中流露出一丝惊慌：“妈妈，妈妈，快过来，我下不来了。”那声音怯怯的，显露出他此刻是多么的心慌。

“妈妈，妈妈，快过来……”

为了孩子的安全着想，父母们总会“好意”地限制他们做一些他们喜欢做的创新。但正是这种“好意”，阻碍了孩子尝试的勇气，让他们失去了一次挑战自我的机会。

很多父亲总是为孩子的淘气感到困扰、焦虑，看到那些家中有乖巧孩子的父母时，总是投去羡慕的眼光，心里想道：“我的孩子要是像人家孩子那样乖该有多好啊，也能让我歇歇。家里让孩子闹得片刻的安宁都没有。”

难道淘气真的是孩子的缺点吗？

答案是错误的。淘气是孩子与生俱来的一种特质，在他们成长的过程中，片刻都离不开淘气。正是在淘气当中，孩子的创新能力、逻辑思维能力、动手能力等都有了很大的提高和发展。因为，孩子更喜欢在不停的运动和活动中来进行学习。我们可以说，没有淘气，孩子的智慧及潜能就得不到充分的开发，能力也无法得到很好的发展，这限制了孩子的健康成长。

生活中，许多成功人士都有一个淘气的童年，爱迪生小的时候非常淘气，看到任何事物都感到十分新奇，总想搞个清楚。在他 4 岁的时候，为了探究野蜂窝的秘密，他便拿了树枝去捅蜂窝，结果被蜂群蜇得满脸红肿，疼痛不已；6 岁那年，爱迪生又对火产生了浓厚的兴趣，却一不小心把马棚给点着了。孵小鸡这种可爱的举动更是他的经典故事。

微软公司董事长比尔·盖茨小时候也非常好动，总是不能静下来。他有个爱好就是坐在木马上摇摇摆摆地晃着，但是这却不影响他日后的成功。如此看来，他们的成功反而得益于儿时的顽皮和淘气。

淘气的孩子是聪明的，他们思维活跃、反应迅速，对于所学的内容能够一点就通，于是他们就常常把剩余精力转移到另外的事情上。正因为如此，经常被老师批评上课不遵守课堂纪律、注意力不集中。淘气的孩子是头脑机敏的，他们机智勇敢，善于在一些突发情况下展示自己的才能，拥有很多绝妙的“鬼点子”，常常出乎父母和老师的预料，敢于对父母和老师的“权威”进行挑战，因此，会受到误解和责备。淘气的孩子具有强烈的表现欲，通常他们的运动细胞比较发达，做事并不那么“安分守己”，常常背着父母和老师做一些“出轨”的事，因而遭到老师的责罚。淘气孩子是具有幽默感的孩子，他们常常会把一件很严肃的事看作一件非常可笑的事，他们那种纯洁的笑声会感染其他人，也会善意地取笑他人。而这些通常都被老师视为故意破坏纪律的恶作剧而给以白眼。淘气的孩子好奇心极强，他们通常精力旺盛，不知疲惫地对任何事情都想看个明白、搞个清楚，且动手能力极强，一般在研究事物时会因把东西搞坏而受到惩罚。淘气的孩子是乐观向上的，他们热情奔放，主动与人相处，乐于助人，有正义感，但有时也会因好事没做成而带来麻烦。

就是这些淘气，促使孩子们成为积极的幻想家。生活中，他们总是想尽办法去了解和改造身边的事物，由于他们的大胆和敢于冒险，他们的世界总是充满神奇。这些淘气的孩子具有丰富的创造力，他们不拘一格，做事情从不墨守成规，对事物总是有独到的见解，常常获得丰富的生活体验。由于淘气孩子聪明、好奇、好动、善交往、乐助人，因此往往会更多地感受到这个世界的多姿多彩。

总而言之，淘气孩子是非常有“个性”的，正是他们的这些“个性”，才让他们成为具有创造性的人才。因此，当父亲面对淘气的孩子时，不能把他们视为“异类”，然后批评和指责他们。相反，父亲应该发现他们个性中蕴涵的独特美丽，予以欣赏和鼓励。

因材施教，发展孩子的特长

现如今的社会，培训班、兴趣小组、才艺班满天飞，很多父母热衷于给自己的孩子报这个班、报那个班。他们认为让孩子学钢琴、画画、跳舞，不但能够挖掘孩子的潜能，还可以让孩子在以后的工作和生活中掌握一技之长，不至于落后于人。但是，父母们却忘记了，孩子之间都存在很大的差异。

于是，就出现了这样的情况：孩子突然想学钢琴，但是弹了没几天就不想弹了，可是钢琴已经买了，如果不学就浪费了，于是很多父亲就逼着孩子去学；孩子练了几天舞蹈觉得不适合想放弃，可父亲觉得以后这个会有发展前途，于是就每天“押”着孩子去舞蹈班……

父亲在这里都犯了一个错误，他们没有意识到每个孩子的个性都是不相同的，导致没有尊重孩子的个性发展。父亲只有了解孩子的特点，才能更好地教育孩子，这个方法也就是所谓的“因材施教”。说起“因材施教”，父亲一定不陌生，大家都知道孔子是因材施教的代表，他对学生的教诲，从来都是根据学生的思想、特点进行有针对性的教育，做到因势利导，避免片面性，拒绝盲目性、填鸭式的教学，坚持“个性教育”的理念。

下面我们来看看孔子因材施教的经典故事：

子路问孔子：“老师，我听到道理的时候是不是就需要马上去行动呢？”

孔子答：“你父亲和兄弟在，你怎么能不请示父兄就马上行动呢？”

冉由也问孔子：“老师，我懂得了道理是不是应该要实施呢？”

孔子答：“对，懂得了就应该实施。”

对于孔子两种不一样的回答，公西华感到非常奇怪，便问其原因，孔子回答：“冉由做事畏畏缩缩，停滞不前，所以我就鼓励他大胆前进，而子路过于莽撞，所以我就告诉他做事前要慎重思考。”

对于“仁”字的解释，孔子面对不同学生，阐述的道理也不尽相同。

孔子教导颜渊：“仁就是克己复礼，是非礼勿视，非礼勿听，非礼勿言，非礼勿动”；教导仲弓：“仁是己所不欲，勿施于人”；教导司马牛:“仁者，其言也讱（说话慢些）”；教导子张:“仁为恭谨、宽厚、诚信、勤快、惠爱”；教导樊迟:“仁即‘爱人’”。

针对具有不同个性的学生，即便是讲述同一个道理，孔子所阐述的内容以及提出的要求也不尽相同。正因为孔子的因材施教，他的众多弟子中才会出现“七十二贤人”。

每个个体的生理素质基础不同，孩子的个性很难由别人塑造，所以个性也就不同。而父亲尊重孩子的个性发展，其实就是保护了孩子的未来。如果一个有绘画天赋的孩子，硬被父亲拖去上钢琴班，最后的结果很有可能鸡飞蛋打——钢琴弹不好，而绘画天赋也消磨殆尽。所以，父亲只有尊重孩子的个性，了解孩子的特点，才能更好地教育孩子，给孩子的成长道路上减少一些不必要的挫折。

面对孩子出现的问题，父亲要寻找根本原因，根据孩子自身的性格特征，采取相应的办法去帮助他们解决问题。对此，父亲可以根据以下方法，对自己的孩子采取有针对性的教育方法。

深入地了解孩子的优缺点

父亲应当充分了解孩子各科的学习情况，找出孩子的兴趣、爱好所在，以及孩子的不足之处，然后才能有针对性地进行因材施教。

父亲首先要对孩子的心理进行深入了解，然后根据孩子的个性，找准契机来正确引导孩子。例如，自己的孩子喜欢明星，父亲就可以给他们讲讲这个明星的励志故事，告诉孩子明星是如何成功的，把表象的盲目崇拜变成发自心底的佩服并以此激励孩子；有的孩子个性较强、自制力也强，则可以选择让孩子自己制定规则，当孩子受到尊重时，他就会自觉地遵守规则；而对于那些没有自制力或自制力较差的孩子，父亲则可以采取表扬与惩罚相结合的教育方式，制定规则的同时给予孩子适度的监督，督促他养成良好的学习习惯。

不可盲目套用别人的教子模式

每个孩子都有自己的优势和劣势，他们的接受能力也有一定的差异，父亲要通过仔细研究找出适合自己孩子的教育方式，不能照搬别人的教子模式。

父亲只有根据孩子自身的特点和实际情况，采取合适的教育方式，才能使孩子不断进步。如果生搬硬套别人的教育经验，往往不能达到父亲所期望的教育效果。

对孩子进行个性化教育

父亲要有的放矢地对孩子进行个性化教育。

丁丁是个很调皮的孩子，但是学习成绩一直很不错。可在老师眼里，丁丁却是个令人头疼的孩子，因为他总是不做家庭作业。于是，无奈的老师将情况直接反映给了他的爸爸。

丁丁的爸爸问他为什么不做作业，丁丁说："爸爸，老师让做的作业，我都已经会了，老是一遍遍地重复，让我对它们一点儿兴趣也没有了。"

丁丁的爸爸在了解孩子的实际情况后，向老师征求了意见："是不是可以让孩子不做家庭作业，因为重复会让孩子失去做题的兴趣，我们自己在家里找一些具有挑战性的题让孩子做练习，让孩子提高解题能力。"最终，老师听取了丁丁爸爸的建议。

灵活引导孩子

每个孩子的性格不同，其学习风格也有所不同，这就要求我们的父母拥有一个灵活的教育头脑，正确引导孩子。

父亲要保持一颗平常心对待孩子的成长，每个孩子都有自己的优点和不足之处，父亲应当通过孩子在生活中的点滴，仔细观察并寻找出孩子的兴趣和优势所在，鼓励孩子在自己的优势上积极进取，教导孩子看到自己的闪光点，以此来增强孩子克服困难的信心，帮助孩子健康全面地发展。

孩子不合群也有优势

在我国，“合群”是衡量孩子性格的一个重要的价值取向。无论是在孩子年幼的时候，还是在长大以后，都要具备这种“合群”的意识，才能够在团体中，在人际关系中游刃有余。反之，则会被“合群”的人踢出去，成为孤家寡人。

实际上，这种说法并不是绝对的。要知道，孩子有各自的气质，人格的发展是多元的，不一定每个孩子都会合群。相信在日常生活中，我们经常会看到这样的现象，父母或老师常常这样嘱咐或责备孩子：“小朋友们，放学要和老师说再见”“跟小朋友们去玩啊！你怎么这么不合群”“别人跟你说话呢，你怎么不理人啊”……

其实，有的孩子嘴上不说话，但心里已经说了……这是他们的表达方式，不代表他不合群。要知道，在人类发展的过程中，有很多风险需要承担，而社交活动就是其中之一。

在生活中，有的人愿意或容易承担与生人接触的风险，而有些人却很难。对于那些不愿意或害怕参加社交团体活动的孩子来说，这是一种极大的风险，他们需要更多的时间才能与人正常地互动和沟通。

相信大家都知道爱迪生的故事，他小的时候就是一个讨人嫌的孩子，也可以说是“不合群”的孩子。下面，我们来看看他的故事。

在学校里，爱迪生的功课不好，又不听老师的话，因此，同学们很不喜欢他，认为他就是一个坏蛋。

爱迪生出生在一个贫穷的家庭中，他的父母用满腔的爱心抚育和爱护着他。

在父母的眼里，爱迪生变成一个“不合群”的小坏蛋，并不是因为他真的坏，真的不愿意和大家在一起玩，而是因为他脑子里想的和大家想的不一样，甚至有些差距。

在生活中，爱迪生有着强烈的好奇心和求知欲，可是他的好奇心和求知欲常常给大家带来麻烦。一次，他在父亲的农场里玩耍，一不小心点燃了父亲的仓库，结果仓库化为灰烬。为此，父亲狠狠地揍了他一顿，因为这次他做得实在是太过分了。不过，爱迪生并不怨恨父亲。

不久之后，爱迪生又遭遇了一个麻烦。一次，他与一个男孩去游泳，游着游着就发现，那个男孩不见了，只剩下他一个人。他开始等待那个男孩出现，等了好一会儿，男孩都没有出现。

接着，爱迪生就回家去了，而且没有对家人说这件事。半夜的时候，父母把他叫醒，问他那个男孩去哪儿了，爱迪生这才说出了原委。后来，大家发现那个男孩已经被淹死了。

因为这件事，父亲还一度认为爱迪生精神不正常。后来，出于种种原因，他们全家搬到了另外一个城市。在爱迪生 8 岁的时候，他才进入学校学习。他所在的那所学校，只有一个班级，校长和老师都是恩格尔先生。

在学校里，课程安排得非常呆板，老师还会体罚学生；老师讲的课枯燥无味，无法引起爱迪生的兴趣。因此，爱迪生总是坐不住，当老师在讲台上讲课的时候，他就在下面走动，还跑到教室外面去；有时候，他会收集一些别人丢弃的物品，制造出一些奇奇怪怪的东西，并带入教室。他这样的状态，老师很是头疼，这样一个“不合群”的学生，真是头一次见。

由于喜欢追根究底，爱迪生对于自己有疑问的东西十分执着。如果一个问题没有得到解决，他就不会继续做另外一道题。因此，老师称他为“迟钝”“糊涂虫”“低能儿”。

一次，在上算术课的时候，教师讲的是一位数的加法。当学生们都在认真听讲的时候，爱迪生忽然举手提问：“二加二为什么等于四？”面对他这个荒唐的提问，老师张口结舌，不知道该说些什么好。

就这样，上学还不到三个月的时间，爱迪生就被要求叫家长来校。老师对他父母说：“爱迪生上课不认真听讲，还问一些荒唐的问题。上算术课的时候，他居然问我二加二为什么等于四……这实在是太不像话了！我看这孩子太笨，留在学校里只会影响其他学生，你还是把他领回家吧！”

听到老师的这番话，爱迪生的母亲听不下去了，她生气地说：“我认为爱迪生比同龄的孩子都聪明，我当然会带我的孩子回去，他再也不会来到这里了！”

实际上，孩子爱玩、顽皮是天性，只是有的孩子表现得明显一些，而有的孩子表现得不那么明显。当面对那些调皮捣蛋的孩子时，父母们或老师们总会一味地责怪和批评，说一些伤害孩子的话，比如：“没有出息的孩子”“你真是条大懒虫”“笨死了”“坏孩子”，等等。慢慢地，孩子就会产生一种自卑感，从而影响他的一生。

而爱迪生的父母却不一样，即使老师批评他、侮辱他、说他是个低能儿，他们也依旧相信孩子，并且抓住他的长处进行培养。

父母们不仅给他讲课，还支持他做试验，最后他成为一个伟大的发明家。在他的一生中，共完成了 2000 多项发明，其中有 1328 项都申请了专利。

实际上，世界上很多有成就的人，都曾做出过一些“不合群”的事情，这只能说明“不合群”的人思考方式与普通人不同而已。有一些从事创造性工作的人，当别人的意见与自己的意见相似时，就不会积极发言；而当意见不同的时候，就会立即站起来表明自己的想法。

“不合群”的孩子并不一定是愚笨的。相反，“不合群”的孩子很可能是一个具有独特头脑的天才。

这些“不合群”的人喜爱各种智力练习与难题，甚至会认为有些难题很容易。

不须改变，改善即可

在日常生活中，我们经常会听到一些父亲抱怨：“我的孩子天生这么胆小，以后长大了怎么办啊？”“我的孩子太内向太害羞了，真担心他以后无法适应社会。”“我的孩子太吵了，我想送他去学围棋，让他学会定下来。”

由于父亲担心孩子现在的性格会影响今后的路，便想尽办法去改变孩子的天性。可结果却不像父亲所想的那样。要知道，强行改变孩子的某种特质，只会让孩子无法接受，甚至会引起孩子的反感。

要知道，孩子的一生是不断成长的。在成长的过程中，父母们没必要去逼他们改变自己，变成另外一个人。这样的做法不仅违背了孩子的自然生长规律，还会让孩子感到痛苦和无奈。

下面，我们来听一听章先生的烦恼：

“我的儿子太胆小了！下班以后，我带儿子去小区里的滑梯那儿玩，别的孩子都已经玩 10 多次滑梯了，而我费了很大的劲儿，连哄带吓地才让他上去玩了一次。他怎么这么胆小啊？”

章先生的儿子今年5岁了，从来不敢一个人出去玩，去哪儿都要跟在父母的身后。就像玩滑梯这样简单的娱乐设施，他都不敢上去玩，更别说像荡秋千那样刺激的活动了……

“在平时的时候，儿子也不敢和同龄的小朋友一起玩。当别的小朋友在一旁玩得兴高采烈的时候，儿子只能傻站在旁边，不论我们怎么劝，怎么鼓励都没有用。”

为此，章先生十分苦恼，他说：如果是个女孩也就算了，但男孩子怎么可以这么胆小！长大以后怎么办啊？

为了帮助孩子克服胆小的毛病，章先生想了很多办法，比如：带着儿子去游乐场坐过山车；强迫孩子自己睡等。可儿子一点儿都没有好转，还经常和章先生闹情绪。

从这个故事中，我们可以看出孩子真的很胆小，在章先生的一番“帮助”下，孩子不仅没有改善胆小的性格，反而和爸爸闹起了情绪。实际上，父亲不应太着急。要知道，孩子才5岁，虽然现在胆子比较小，但随着孩子慢慢长大，对事物的认知程度不断提高，孩子或许就会发生改变，变得胆大一些。

当孩子出现一些父亲不喜欢的性格特点或行为时，父亲要做的是学会接纳孩子，而不是一味地去改造孩子。如果父亲使用的方法不当，也许会让孩子变得更胆小。此外，父亲不要只从消极的方面看待孩子的胆小，要从积极的方面看，胆小也可以“稳重”“成熟”等。

当然，除了胆小，孩子们还有一些其他的“缺点”，父亲要运用良好的科学教育，来培养孩子正面的性格特点。下面，教育专家给出了几点建议：

父亲要让孩子主动改善而不是被动地改造

在家庭教育中，如果父亲想强迫孩子改善，说一些“你不要那么胆小，这样不好”“能不能活泼点儿，改一改你的臭脾气”的时候，一定要自我反思。要知道，谁都不喜欢被命令、被强迫。

当父亲强迫孩子去干一件事情的时候，容易引起孩子的逆反心理：你让我往东走，我偏要往西走！因此，父亲要让孩子在主观意识上想去改善，从而主动地去做，而不是强迫孩子去做。

让孩子向不同性格的人学习

每个人都有优点，父亲需要让孩子多认识一些性格好的人，学习他们身上的各种优点。在长期的熏陶下，孩子也会受到影响，从而改善自己的性格。

调节食物营养

食物也可以有效地改善孩子的性格，比如：固执的孩子可以减少肉类食物，可以多吃鱼，并尽量生吃以黄绿色为主的蔬菜，少吃一点儿盐；焦虑不安、睡眠质量不好的孩子应该多吃富含钙质和B族维生素的食物，还要多吃一些动物性蛋白质；恐惧、抑郁的孩子可以多吃些柠檬、生菜、土豆、带麦麸的面包和燕麦等。

食物真的有效果吗？科学家们说：孩子的大脑需要适当的能量来产生神经信息传递因子的物质，而这些神经信息传递因子正是从孩子们平时吃的食物中获得的。如果营养不够或者过剩的话，就会影响神经信息传递因子的水平，从而影响到与之相应的多种行为习惯。

由此可见，食物与孩子的性格也有密不可分的关系。父亲可以通过食物的变化来改善孩子的性格特质。

下面是不同性格缺陷的孩子应吃的不同食物，比如：

性格不稳定的孩子是由于长期缺钙造成的，因此在日常生活中，可以多吃一些含钙、磷较多的食物，如大豆、牛奶、苋菜、炒南瓜子、海带、木耳、紫菜、田螺、橙子、河蟹、虾米等。

斤斤计较的孩子是由于大脑中缺少维生素B，从而变得爱唠叨，爱计较。因此，应该让孩子多吃粗粮或牛奶加蜂蜜，长期食用的话会有明显的效果。

胆小怕事的孩子是由于身体里缺少维生素A、B、C，所以，父亲要让孩子要多吃辣椒、笋干、鱼干。

做事虎头蛇尾的孩子是由于身体里缺乏维生素A和维生素C，所以，父亲要让孩子多吃一些富含维生素A的猪肉、牛肉、羊肉、鸡肉、鸭肝、牛羊奶、鸡鸭蛋、河蟹、田螺等食物，还可以让孩子多吃一些富含维生素C的辣椒、红枣、猕猴桃、山楂、橘子、苦瓜、油菜、豇豆等。

总之，父亲并不需要强行改变孩子的性格，而应该让孩子做自己，尊重孩子的成长特征。

让孩子学会为自己的行为“埋单”

通常情况下，孩子一旦做了什么错事，都是由父母来负责任。我们经常会听到这样的抱怨：“也不知道他的父母是怎么教育孩子的”“这孩子的父母真差劲啊”……

对父亲来说，一定要教导孩子能够对自己的行为负责。即使年龄很小的孩子，如果犯了错误，也一定要让孩子主动承认错误，并自己去道歉。

有这样一个故事：

欧阳先生在英国一所著名的大学执教，他的邻居是一对来自法国的教授夫妇。

有一天，教授夫妇的7岁儿子踢足球时，不小心将球踢到了欧阳先生家的大门上，门上的玻璃被震碎了。

欧阳夫妇按照东方人的思维习惯认为，发生了这样的事情，那对教授夫妇肯定会上门来赔礼道歉。然而，他们失策了，那对教授夫妇在儿子犯错之后，一直都没有出现。

第二天早晨，那个孩子在出租车司机的帮助下，送过来一块崭新的玻璃。小家伙不好意思地说："您好，叔叔，对不起……昨天我踢球时不小心踢碎了您家的玻璃，对不起，由于昨天很晚了商店关门了，没能及时赔偿您。今天商店一开门，我就立刻跑去买了这块玻璃。希望您能原谅我的过失。我向您保证以后这种事情不会再发生了，请相信我。"

孩子的勇敢承担赢得了欧阳夫妇的原谅和喜爱，他们邀请孩子一起吃早餐，临走时还送了他一件有中国特色的小礼物。

出人意料的是，当孩子拿着礼物回到家后，那对法国教授夫妇却出现了。他们谦和地将那件礼物原封不动地还给了欧阳夫妇，并解释道："孩子在闯了祸以后，不应该得到奖励。"

故事中的法国教授夫妇认为，自己家的孩子打碎了邻居家的玻璃，必须让孩子学会对自己的行为造成的后果承担起他所要负的责任。孩子为了赔偿，几乎花掉了自己所有的零花钱。即便这样，他也得不到父母一分钱的"补贴"。但是如果在钱不够的情况下，父母会考虑把钱借给他，而他自己必须得有还款计划。可以在早晨为附近的居民送牛奶、送报纸，或者在周末的时候为邻居修剪草坪，或者节约自己的零花钱等。

只有这样做，才能让孩子明白犯了错是要付出代价的。只有付出这种代价之后，他才能接受教训，在他以后的人生中不会再犯类似的错误。

常言道："一人做事一人当。"如果孩子做了损害他人利益的事，必须让他自己主动向人家道歉，并赔偿相应的损失。这样做不仅是为了获得原谅，还能让孩子从小就树立起对自己行为负责任的意识。只有教会孩子对自己的行为负责，将来他们才能够顺利地进入社会生活，成为一个对家庭负责、对社会负责的人。

往往一些孩子做事，只重视行为过程本身，而不太重视行为导致的后果。因此，父亲要有意识地在孩子小的时候就开始培养他们的责任感，做到让孩子能够对自己的行为结果负责。

培养孩子的责任心是一项长期而艰巨的任务。不仅需要父亲循序渐进、有耐心地对孩子进行教育，同时需要父亲去了解孩子的心理发育特点，因材施教。

下面是几种教育孩子的方式，仅供父亲参考：

与孩子订立“合同制”

在家庭教育中，父亲要让孩子明白该做什么，不该做什么，如果做不到将会受到哪些惩罚。孩子们还小，做事的时候，往往凭的是兴趣。如果对孩子的要求不够明确，他们就很难坚持下去。所以，要培养孩子对某件事负责任的态度，就必须说清楚做事的要求，以及完不成会如何处罚。例如：生活中，把扫地的活承包给孩子，如果没做好，就减少他出去玩的时间。这样，孩子才懂得，要对自己的行为负责。

让孩子对自己的责任心引以为荣

有这样一个10岁的小姑娘，从5岁起，她负责倒了5年的垃圾。小姑娘在5岁的时候，看到妈妈每天倒垃圾很辛苦。所以从那个时候起，只要一听到垃圾车的音乐，她就提着垃圾桶去倒。她的父母经常当着女孩的面在外人面前夸奖她能干、勤快、懂事。小姑娘受到表扬后，就一直保持着这个习惯。

小姑娘的父母通过表扬孩子，激发出了她主动倒垃圾的自豪感。慢慢地，小姑娘形成了这种习惯，把劳动看成一种责任。

提醒孩子：该做什么的时候就做什么

在擦完手后，8 岁的明明经常忘了把毛巾搭在架子上。为此，爸爸让明明自己记下：洗完手，擦完手后该做什么，便于提醒自己。经过几次提醒后，明明再也不会忘记把毛巾搭在架子上了。为此，明明受到了父亲的表扬，他为自己的进步感到自豪。

所以，当父亲要让孩子记住做某些事时，要让孩子自己记下要做的事情。孩子做到后，要不时地夸奖他。这样，孩子们就会为自己的成绩而高兴，慢慢地就形成了对自己的行为负责的习惯。

让孩子设法补救自己造成的过失

当孩子弄坏了别人家的玩具时，一定要让孩子道歉并主动赔偿给对方。也许，对方会认为没什么大不了，或者不好意思收下孩子的赔偿。这时，父亲一定要说服对方收下赔偿，这样可以让孩子懂得：自己造成的不良后果，就该由自己负责到底。

责任心是孩子一生的美好品质，是孩子拥有健全人格的基础。孩子的责任心是在日常生活中一点一滴培养起来的。孩子一旦有了责任心，就会对自己负责，对他人负责，将来也会对家庭负责，对集体和社会、国家负责。因此，父亲一定要培养孩子的责任心。

帮孩子扔掉自卑的包袱

在家庭或者学校中，总有一些胆小、内向的孩子，他们不敢在课堂上大声发言；被欺负了不敢告诉别人；有什么意见憋在心里，在没人的角落哭泣；受到挫折了，就会“痛不欲生”……可以说，他们或多或少都存在自卑的心理。

那么这些孩子是如何形成自卑心理的，自卑的征兆又有哪些呢？下面，我们罗列出几点，父亲要对照一下，看看孩子有没有自卑的心理。

语言表达较差

教育专家经过调查研究发现：有 80% 以上的自卑孩子的语言表达能力较差一点。他们或表现为口吃，表述不连贯，或表达时缺少情感，或词汇量少等。教育专家们认为，这是孩子们过于自卑的情绪影响了大脑中负责语言学习系统的正常运作。

承受力较差

在日常生活中，自卑孩子的承受能力较低，他们不能像正常的孩子那样承受挫折、疾病等压力。自卑的孩子遭遇到一点点挫折，就会“痛不欲生”或出现逃避的行为。

情绪低落

在大多数时候，自卑孩子的情绪是低落的。没有任何原因的失落、郁郁寡欢，或许就是自卑心理造成的。

过度怕羞

自卑的孩子大多是害羞的，有的时候不敢面对小朋友唱歌，不愿意抛头露面，甚至不敢接触生人等，而这种表现也是出于强烈的自卑心理。

总是疑神疑鬼

有自卑心理的孩子非常在意他人的评价，并且十分敏感。别人无意识的一句批评，都会让自卑的孩子难以接受，甚至耿耿于怀。如此下去的话，就会让他们发展到“疑神疑鬼”的地步，甚至怀疑他人或责怪自己。

过分追求表扬

有自卑心理的孩子总是觉得“低人一等”，但是他们又渴望得到别人的表扬。为了得到别人的夸赞，他们甚至会采用不诚实、不适当的方式来表现自己，比如弄虚作假、考试作弊等。

拒绝交朋友

一般来说，正常的孩子都喜欢与同龄人交往，并把友谊看得非常重要。但是有自卑心理的孩子恰恰相反，他们不仅没有兴趣交朋友，还会觉得陌生的人会伤害到自己。

无法集中注意力

具有自卑心理的孩子无论是在学习还是做游戏中，都无法集中注意力，或者只能短时间地集中注意力。

贬低、妒忌他人

有自卑心理的孩子会出现贬低或妒忌他人的情况，比如：别人有了新的玩具，自己却没有；老师表扬了同桌，却没有表扬自己……

心理学家认为，这是他们为减轻自己的自卑情绪而产生的一种宣泄方式。虽然这种方式并没有什么效果，但他们愿意这样抚慰自己。

自暴自弃

具有自卑心理的孩子往往会表现出一种自暴自弃、不求上进的态度。他们认为：反正自己不行，努力也是白搭！还有一些严重自卑的孩子，会出现自虐行为，故意让自己处在险境或困境之中。如果父母指责和批评他们的做法，他们就会以“反正我已经这样了”的态度来为自己辩解。

回避竞争、竞赛

虽然有的自卑的孩子非常渴望自己能够成为别人眼中的焦点，想要在考试或体育活动中取得不错的名次，但由于缺乏必要的自信心，从而认为自己绝不可能获胜。也因此，绝大多数有自卑心理的孩子总会回避参与任何竞赛。他们可能会在别人的鼓励下勉强报名参赛，却会在关键时刻临阵逃脱，甘当“逃兵”。

虚荣心在作怪

随着生活水平的提高，不光大人们追求生活的品质和品位，就连孩子们也效仿起来，开始追求生活的品质了。当发现自己的生活品质不如别人高时，孩子就会产生自卑心理，觉得自己不如别人。

有这样一个故事：

苗苗今年上五年级了，不光学习成绩好，性格也很好。在学校里，苗苗深得大家的喜爱。可是随着年龄的增长，苗苗的心理发生了一点小小的变化。

到了六年级的时候，苗苗就提出不再让父母亲接送了。有一天，爸爸提早下班了，正好上班的地方离苗苗的学校比较近，便决定到学校门口去接女儿。

很快，放学的铃声响起来了。只见苗苗和几个同学有说有笑地从学校里走出来。可当爸爸朝苗苗微笑着招手的时候，苗苗装作没看见扭过了头。

与几个同学挥手告别后，苗苗便嘟着个嘴往家走。爸爸跟她说话，她也不理。叫她坐电动车，她也不坐。就这样，父女俩一前一后地往家走了。

一回到家，苗苗便大声嚷嚷，质问爸爸为什么要到学校来接她。经过苗苗的哭诉，爸爸才明白苗苗是嫌自己丢脸，人家的爸爸都是开着车去接送，而自己却骑着一辆电动车；人家的爸爸西装革履，一副老板范儿，而自己却穿着一身工作服……

为此，爸爸又震惊又伤心，不知道如何面对苗苗的虚荣心和自卑心理。

实际上，像苗苗这种情况是现如今一个非常普遍的现象。随着物质生活越来越丰富，孩子们很容易形成不当的认知和价值观，如互相攀比等。在这种环境的影响下，出身于一般家庭的孩子就会产生自卑心理。他们会不敢或羞于谈论自己的家庭；与朋友的相处中会缺乏自信；对父母产生一种抱怨的情绪，如“为什么我会出生在这样的家庭，而不是出生在富贵家庭”等。

对于这种情况，父亲一定要正确地引导和监督孩子，让他们将注意力放在学习上，通过好的学习成绩或其他方面来增强自信。

父亲还应该让孩子知道：真正的自信要靠自己的努力建立。除此之外，父亲还应该用更多的陪伴、鼓励和爱让孩子感受到家庭的温暖，从而让孩子信任父亲，和父亲做真正的朋友。必要的时候，父亲可以让孩子体会到自己工作的努力和艰辛，最终纠正孩子的攀比和虚荣心理，驱除其自卑的情绪，帮助孩子建立正确的人生观和价值观。

关于如何帮助孩子摆脱自卑心理，心理学家给父亲提出了几条建议：

从改变自身形象开始

心理自卑的孩子，说话总是吞吞吐吐的，走起路来也不是抬头挺胸的。父亲可以从孩子说话的音量、走路的姿势入手，改变他们的心态；父亲还应当帮助孩子改变形象，比如：穿整洁大方的服装，讲话爽快，走路昂首阔步等，以此来增强其自信心。

用积极的语言暗示孩子

在日常生活中，父亲可以用积极向上的语言鼓励孩子，并有意识地对孩子说“你很聪明、你很棒、你一定行”等，以此来增强孩子的自信心。

预演困难

有自卑心理的孩子一旦遇到困难，就会下意识地退缩。父亲可以帮助孩子预演困难，比如给他设置一个小小的困难，并让他想想解决困难的办法。这种预演法，会一点一点地帮助孩子克服自卑、恐惧的心理。

每当孩子有进步的时候，父亲都要把这一刻记录下来，一边鼓励孩子，一边让孩子为自己加油打气和重温成功的心情。

发挥长处

在帮助孩子们消除自卑心理的时候，父亲要善于发现他们的长处和优势。这样孩子才能因为被重视而倍感幸福，从而达到心理平衡。

降低追求

在帮助具有自卑心理的孩子时，父亲要降低一些要求，不要用对正常孩子的要求来要求自卑的孩子。在消除自卑心理时，父亲可以把大的目标分解成若干个小目标，做到每一个学期、每一个月甚至每一个星期都有目标和成就的记录。

引导孩子多参加团体活动

在国外，有这样一批留学生：喜欢窝在家里，每天的生活圈子很小，仅限于三点一线：“上课、打工、回家”。在平时，他们很少参加校友会、社团等社交活动。针对此类现象，《日本新华侨报》发表了一篇文章，称国外留学生中的“孤独症”在不断扩散。据统计，中国留学生中的“宅人”恐怕已经达到了3成。

实际上，不仅是年纪稍大一些的孩子喜欢“宅”，就连小朋友也具有这种特性。现在，刘先生就有这样的苦恼：

“今年，我家宝宝就3岁了，性格十分‘害羞’。遇到其他小朋友在小区里玩，他就不敢一起去玩，只抓着我的衣角。鼓励他去，他也会躲在身后，静静地看着人家玩。他特别不喜欢陌生的人。只要一去邻居家串门，他就会拽着自家的门，不肯走。即便到了人家家里，也会大哭……哎！在家里，他挺活泼的啊！怎么一遇到人就这样了呢？”

对于刘先生的这个苦恼，教育心理学家说了这样一番话：性格决定命运！如果孩子从小就不合群，不会和他人进行正常的人际交往，那么他今后的人生道路一定会有磕磕绊绊。

为了帮助孩子走出“宅”的环境，父母们应该鼓励孩子多参加一些团体活动，让孩子融入大环境中。下面几点，供父亲参考：

引导孩子在集体活动中发挥其主动性

在家庭教育中，父亲要了解孩子的心理需求，根据孩子的性格、能力、爱好等来为他们报名参加团体活动，让他们在活动中展示自己的交际能力，锻炼自己的性格。

实际上，在团体活动的训练中，孩子不仅可以发挥特长、帮助别人、服务于集体，还可以认识到什么是团体和如何进行团体协作。

在这样的训练之中，孩子就会慢慢脱离“宅”，变得有主动性。当然了，父亲还可以帮助孩子练习、彩排，比如：参加跳绳、拔河比赛，应该要注意什么，要配合大家什么。

为孩子创造共同活动、共同体验的环境

在日常生活中，父亲可以给孩子提供一些玩具、游戏材料、空间与时间，让他们与其他小朋友一起玩乐；可以鼓励他们参与社会及幼儿园组织的各种丰富多彩的集体活动；可以带孩子在春天的时候郊游踏青，在冬天的时候锻炼身体，还可以利用一些走亲访友的机会，让孩子与亲人、朋友多多接触，从而增进孩子对集体活动的认识与了解，提高孩子在生活和学习中的积极性。

积极发挥荣誉的激励作用

当孩子在团体活动中有一点儿进步时，父亲就要给予肯定，比如：

“宝贝，你真了不起！”“太棒了！相信你以后会做得更好！”这些都是鼓励孩子继续努力的动力。因此，父亲不要放掉任何一个表扬或鼓励孩子的机会。

帮助孩子建立友情，培养孩子的合作能力

在平时，父亲可以组织一些小活动，比如“两人三足”、赛跑、下棋等，让孩子懂得合作才能双赢；可以让孩子找周围的小朋友一起玩，从而建立起他们深厚的友谊。

除此之外，父亲要在一旁引导和指导孩子，要在孩子们的活动中，提出一些具体要求，分配具体任务。

有意识地与孩子交流

在教育孩子的时候，父亲要有意识地和孩子交流。比如，问问他感兴趣的事，问问他想做的事等。当孩子们感到郁闷或不高兴的时候，父亲可以在行为上鼓励他，比如：拍拍他的小手、摸摸他的头等。

除此之外，在孩子参加团体活动的时候，父亲要让他们注意以下几点：

1. 对活动现场的一些电闸、开关、按钮等危险地方和物品，不要随意触摸、拨弄，以免造成不必要的伤害。

2. 在团体活动中，要在指定的区域内活动，不要随意四处走动、游览，防止发生意外。

3. 在参加一些社会实践的活动时，父亲要告诉孩子：自己从未接触过的或不熟悉的事情，不要去尝试。就算是要去了解和摸索，也要在大人的陪同下才可以。在参加团体活动时，要遵守活动纪律，听从老师或有关管理人员的指挥，统一行动。

4. 参加社会实践活动的时候，父亲要引导孩子认真听取有关活动的注意事项，知道什么是必须做的，什么是可以做的，什么是不允许做的，不懂的地方要询问、了解清楚。

5. 参加劳动的时候，孩子们有可能会接触到一些劳动工具或机械电器设备。父亲一定要帮助孩了解它们的特点、性能、操作要领，严格按照有关人员的示范，并且在他们的指导下进行。

第八章

和智商相比，培养孩子的情商更重要

孩子的情绪发展模式

情绪是指人们伴随着认知和意识过程产生的对外界事物的一种态度，是以人的愿望和需要为中介的一种复杂的心理活动。在不同的年龄阶段，人的情绪拥有不同的特点，而 0 ～ 3 岁孩子的情绪尤为丰富，起伏变化非常大。

开心、生气、满意、委屈、安静等都是孩子多变的情绪，这些情绪的发生总是让父母感到无所适从，有时甚至头痛。了解孩子情绪发展变化中隐含的信息，是每个家庭迫切关注的问题。许多父母也意识到，只有正确了解孩子的各种情绪，才能更好地引导孩子积极健康发展。如果孩子无法正常表达自己的情绪，那么就很容易产生一些极端的心理问题。

有这样一个故事：

翔翔的父母都是大学教授，每天工作都很忙，翔翔就由退休在家的姥姥照顾。翔翔在班里还算优秀，因为他会讲汉语和日语两种语言，画画也很好，而且还会弹钢琴，在班里经常给其他同学唱歌伴奏。

但就是这样一个聪明伶俐的孩子，有一天却做出了一个任何人都想不到的举动，把老师和同学们都吓坏了。

外面刮着大风，翔翔却站在教学楼顶上，老师压抑下急切的心让他下来，他却说："老师，我想跳楼。"老师的心咯噔地跳着，但仍旧平静地说："翔翔，快下来，教学楼这么高，一旦跳下去，你会摔坏的，快下来！"老师在劝说的同时，悄悄地打了110。

"我就是想死。"

"你死了，你的爸爸妈妈爷爷奶奶该多难过啊！"

"我就是想让他们难过。"

老师猜想可能是翔翔的家里出了问题，于是转换了话题，劝他说："孩子，咱们回班里说话吧，外面太冷，老师怕你感冒生病了。"

"我就是想生病。"

"你生病了，老师和同学们就该伤心了。"

这时翔翔的回答更让人吃惊："你们伤心了，我才会高兴呢！"

最终，情绪不稳定的翔翔被及时赶到的警察救了下来。

老师把孩子的问题以最快的速度反映给了他的父母，父母才意识到问题的严重性。

等孩子情绪稳定后，父母问他为什么这么做，一开始翔翔什么也不说。后来，当他感受到爸爸妈妈的急切心情时，立即钻到妈妈怀里号啕大哭，委屈地说：爸爸妈妈，我以为你们都不爱我了，我每天都见不到你们，每天放学回家我都不怎么说话……

很多家庭中，父母都对孩子的智力开发比较重视，他们认为正确引导情感教育是不重要的，或者认为孩子还小，还不懂什么是情感，所以对孩子的情绪、情感的发育缺乏有意识的培养和正确疏导。故事中的翔翔，智力非常优秀，父母对孩子才艺的培养也很到位，但就是由于他们长期不在家，孩子幼小的心灵中产生出爸爸妈妈不爱我，所以才不经常回家的念头。于是，变得寡言，年纪大的姥姥也没有意识到孩子的这种情绪，父母经常不在家更是发现不了。在这种不健康情绪的影响下，翔翔走了极端。如果父母能够及时发现，并对他这种错误的情绪及时进行疏导，告诉他并不是爸爸妈妈不爱他，而是为了工作、为了家庭不得不离开他。翔翔的父母若是抽出时间多给予孩子一些鼓励和爱，多和孩子进行一些沟通，多一些共同活动，翔翔就不会走上这条极端的道路了。

著名的心理学家说过：一个孩子的将来，出自 20% 的智商，剩下的 80% 则是情商。良好智力发展的基础来自健康的情绪，一个充满自信又乐观的孩子会以一种积极向上的心态沉浸在学习与生活中，这必然能够促使孩子的智力健康地发展。无论是怎样的孩子，都会不断地遇到各种各样的疑惑和困难，这时就需要健康的情绪来引导他们，让他们学会自我调节。当孩子心情郁闷、情绪不安时，便会阻碍他们的正常思考，影响智力的发展。

每个孩子在成长过程中，都会遇到很多问题，诸如任性、自私、冷漠、孤僻、易怒等，这些都是不良的情绪。所以，父母一定要在重视培养智力的同时，重视孩子的情感教育。

那么，父亲应该如何培养孩子良好的情绪呢？以下方法仅供参考。

提高孩子识别情绪的能力

人类有诸多情绪：愉快、悲伤、害怕、烦躁、难过、生气、厌恶等，孩子或多或少都会体验到各种情感，但有的时候他会形容不出来，需要父母为他解释出来，这样在他以后经历这些情感的时候，才能向父母正确地表达出自己的情绪，才能与父母进行更好的沟通。

当孩子有情绪时，父亲要包容并帮助他表达出自己的真实想法：“你在生气吗？”“爸爸知道你不喜欢洗澡。”多次之后，父母就可以直接问孩子：“告诉爸爸，你怎么了？”鼓励孩子说出自己的情绪。

满足孩子对父母的情感需求

现代社会竞争激烈，为了给孩子赚奶粉钱、上学钱，年轻的父母们每天都忙于工作，于是把孩子扔给爷爷奶奶甚至保姆阿姨来照顾。但是，孩子对父母的情感需求是其他任何人都不能替代的，所以，父母一定要衡量好工作和孩子，尽量抽出时间与孩子进行沟通和互动，否则容易造成孩子性格孤僻、畏缩。

例如，父母双方协调好，白天可以由爷爷奶奶或者保姆阿姨来接送孩子上下学，但是到了晚上，父母一定要陪孩子说说话、玩游戏。这当中，可能有些过于忙碌的父母，有时为了弥补经常不在孩子身边的遗憾，就会特别迁就孩子，答应他的无理要求。这样孩子也容易形成不良的情绪，父母一定要注意。如果父母不能陪伴孩子，可以试着让孩子跟父母通电话，这样可以间接满足孩子的情感需求，同时锻炼了他的语言组织能力。如果工作过于忙而回不了家，或者回家太晚了，父母一定要试着向孩子“请假”，让他们理解大人，并告诉孩子随时都可以跟爸爸妈妈通电话，这对孩子的情感需求具有一定的缓解作用。

培养孩子学会感恩与回报

“孩子只要接受我们的爱就可以了，我们不图他回报。”现在很多父母都是这种想法和做法。于是爷爷奶奶、姥姥姥爷、爸爸妈妈围着孩子齐上阵，高唱“无私的奉献”，这样让孩子长期处于蜜罐儿中，他永远也长不大。这种溺爱会阻碍孩子的情感发展，产生不良的情绪，所以必须让孩子学会感恩和回报。

平时生活中让孩子学会关心父母长辈，做一些力所能及的事。当家中有人生病时，要教给孩子病人如何不舒服，需要人照顾，例如说话、走路、干活儿都要轻轻地，千万不能影响病人休息；为病人削个水果；给病人倒杯水；说些安慰病人的话。父母还可以让孩子给大人过生日。现在的孩子每年都享受着父母给自己过生日，却很少有孩子想到为自己的父母过生日，这也是培养孩子学会感恩和回报的一个好机会。可以鼓励孩子为父母亲自动手做个小礼物，或者给父母捶捶腿、捏捏肩膀，或者说一句祝福的话语，这些都可以培养孩子积极地学会感恩与回报。

培养孩子面对挫折时的积极情感

随着孩子的成长环境越来越优越，很多父母为孩子尽量扫平了一切阻碍，这也就间接导致了孩子的心理承受能力和抗挫折能力越来越差，稍微遇到一点儿不顺心就大发脾气，任凭父母费了多少口舌都不依不饶，这在无形中助长了孩子的不良情绪。

这种情况下，父亲应该鼓励孩子提高自理能力，自己的事情自己做，无论遇到什么样的挫折，不管是在生活、学习还是交友等方面的问题，都应积极想办法自己来解决。而当孩子犯错误时，让他认识到错误即可，不要让他过分自责，谁都难免出错，更何况是孩子。所以，父亲不可一味地批评、惩罚孩子，应该以平静的态度督促和帮助孩子改正错误，秉承“教育为主，惩罚为辅”的教育理念。过分严厉的批评和责罚，只会让孩子在面对挫折时退缩不前，这同样不利于孩子健康的情感发育。

对孩子的“启心”教育

网上流传着这样一句话:“年轻人犯错，上帝都会原谅。”谁都无法避免犯错误，更何况是孩子。现在许多父母在面对孩子犯错时，只要一张嘴批评就会情绪失控，简直是“爱之深，责之切”。

有的时候，一些父母的批评针对的是孩子本身而不是他所犯的错误，例如:“你这孩子怎么这么讨厌！”“你真烦人！”“摊上你这么个孩子真倒霉！”这些话连大人听了都很难受，更何况是有着脆弱心灵的孩子。

随着孩子一天天的长大，父母对孩子的期望也是日益增长。于是，一些父母开始不自觉地拿别人家的孩子和自己的孩子做比较，比如：隔壁的小山和我们家宝宝同岁，人家已经会认两百多个字了，我们家强强才会几个；同院子的妞妞比强强还小，却已经学会弹钢琴了；强强班的好几个小朋友已经能说一些简单的英语口语了，强强只会“Hello”“Hi”……比来比去，父母的脸色就会越来越差，对孩子的期望也就越来越低。

在这个比较中，我们会发现一个有趣的现象，那就是父母老是拿自己孩子的短处和别人家孩子的长处去比，而忽略了孩子本身的优势所在，比来比去结果就只有一个字：差。于是，父母在面对孩子的时候，那种在孩子在小时候教他走路的耐心就荡然无存了，由欣赏变成了指责，美好的憧憬变成了恨铁不成钢。在这种反差过大的态度下，孩子会对父母产生越来越重的逆反心理，一来二去中，孩子开始变得沉默寡言，懒于再和父母沟通，甚至一些父母为了达到自己所谓的效果，采取“棍棒教育”式的方法强迫孩子按自己的要求去做。

经常会听到父母这样批评自己的孩子:“你看看人家亮亮，你再看看你！”“人家都能考过，你和人家不一样啊！”这样的训斥，带给孩子一种不安的心理暗示：爸爸不喜欢我，爸爸喜欢别人家的小孩儿。这样就好比将孩子投入一间黑暗的小屋，没有关爱的阳光，没有父母温暖的怀抱。如果孩子在这样的环境中成长，那么将来他会成长成什么样儿呢？很可能会性格孤僻、易怒、烦躁、厌烦他人等，这难道是父母所愿意见到的吗？这样连人格都不健全的孩子，你怎么要求他优秀？

因此，对孩子的“启心”教育就变得尤为重要。下面给父亲提供一些建议：

1. 在孩子上学前，与孩子进行一次深入的沟通，列举出上学当中可能会遇到的一些困难和学习的重点，帮助孩子明确目标，鼓励孩子，给他动力，并表达出父母对他的殷切期望。

2. 对孩子的教育尽量是单独的、谈话性的，避免公开的申斥。有些孩子拥有强烈的自尊心，他们会特别“好面子”，自尊心极强。所以，父母在对孩子进行教育时应尽量避免在公开场合，尤其是在他的老师和同学的面前以及一些熟人面前，给孩子一个安心的空间来聆听你们的教诲。

3. 父亲身体力行地为孩子做出表率，鼓励孩子要说到做到，做个有诚信的人。

4. 在孩子面前保持威信，不要在孩子面前过于随便；对孩子严格要求的同时注意让他劳逸结合。

5. 不要总给孩子讲自己如何为他付出，更不必拿自己小时候与他现在对比，或者拿别人家的孩子与他做比较。这样做的后果很可能会招来孩子的逆反心理。一旦遇到事情要就事论事，根据当时的实际情况分析问题，再帮助孩子解决问题，不可过于埋怨，不可盲目比较。

6. 经常和老师沟通，随时关注孩子学习和生活上的变化。但需提前跟孩子讲明，这样做的目的是关心他，不是监视，也不是不信任，是希望通过老师对他的情况有一个整体的了解，然后有针对性地帮助他解决问题。

7. 正确引导孩子多结交一些积极上进的朋友。在孩子的成长阶段，除了父母和老师，朋友对他的影响是最大的。尤其有些孩子，不愿意和父母或者老师进行沟通，更愿意与自己的朋友分享一些小秘密。一个积极上进的朋友可以引发孩子共同的学习兴趣。

8. 培养孩子独立思考的学习习惯。父亲不能永远跟在孩子屁股后面，遇到孩子不懂的问题时，父母首先要跟孩子一起讨论，然后通过一些事情去启发他，引导他自己动脑思考，而不是直接告诉他答案。

9. 以正确的心态面对孩子的成绩下降。当孩子成绩下降的时候，他自己已经很难过痛苦，甚至心灰意冷了。这时，父母应该表示出关切的心情，鼓励他的同时帮助他重新树立信心，帮助他找到成绩下滑的根本原因，然后共同解决问题。训斥和责备只会疏远与孩子的距离，以致于以后再出现问题，孩子也不会主动与父母协商了。

除以上方法外，父亲还可以利用故事对孩子进行“启心”教育。听故事、看故事具有深刻的教育意义。孩子们在听故事的过程中不仅能够增长知识、丰富词汇，还能训练他们集中注意力、启发想象力、促进思维能力。从故事中，孩子们可以找到“同感”，能够培养美好的情感，养成良好的品德和习惯。

远亲不如近邻，孩子需要不同年龄的朋友

孩子在成长的过程中渴望得到别人的尊重和认可，这个别人不仅指

自己的父母，还包括他的朋友、老师、同学，甚至陌生人，这就需要他去接触更多不同类型的人，以提高自己的情商。

原始人类是群居动物，依靠集体的力量来共同抵御外敌，他们创造语言，传播智慧。而现代社会中，一个人是否具有组织能力和团队意识，是衡量他是否优秀的重要标准之一。因此，让孩子和不同年龄的人做朋友，是孩子成长过程中必不可少的一项任务。

对孩子来讲，在他们特有的小型社会中，我们并不特别强调孩子一定要与不同职业的成年人交朋友，因为孩子对新事物的接受能力和分析能力是有限的。父母应当多鼓励孩子与不同年龄的孩子之间进行互动交往，这对孩子的智力发展，特别是思维能力的发展具有非常重要的意义。

例如，当不同年龄的孩子在共同认知同一事物的时候，年龄大的孩子可能就会自觉地充当起“小老师”的角色，然后利用他自己掌握的知识给弟弟妹妹讲解，这种自发的行为促使他和弟弟妹妹更深入地理解知识，并能够牢固地掌握一定的技能，同时锻炼了他的思维能力和表达能力，以及因此而积累到的“人气”和“威望”，这会极大地鼓舞他们的自信心。

用专业名称来说，这叫混龄教育。著名的心理学家曾指出：不同年龄阶段的孩子在一起玩游戏，与同年龄的孩子一起玩游戏有着质的区别。相比之下，我们会发现，不同年龄段的孩子在游戏中通常较少具有竞争性，而具有更多的创造性，这为孩子的学习提供了一种独特的方式，所以才更具有教育意义。

有这样一个故事：

5 岁的飞飞性格开朗、活泼，喜欢结交朋友，包括陌生人。

一次，飞飞跟随父母去野营，就在他们家的大帐篷旁，也有一个家庭在搭帐篷。

飞飞看到那个家庭中有个小朋友，他的社交欲望就开始显露了。飞飞冲着那边的小朋友不停地挥手示意，而那家的孩子看到有人挥手，也非常开心地回应起来。两个孩子就那样你来我往地挥来挥去，乐此不疲。

就在这个时，那个家庭的父母看到了飞飞的招手，小朋友的爸爸一边训斥自己的孩子，一边冲着飞飞叫嚷道："你要敢打我儿子，我就打你。"

其实，很多父母在理智上都会支持自己的孩子去认识新的朋友，但是，当孩子在与陌生人交流的时候，父母那种保护孩子的强烈意识就会战胜让孩子认识新朋友的愿望。就如同上面那位小朋友的爸爸一样，对任何外来的人和事都充满了敌意。很多父母常常会因为爱护之心而阻止孩子干这干那。

故事中的小朋友在爸爸的抚养下，从小就对陌生的事拥有高度警觉的自卫意识，将来的他在与人相处的过程中很难做到坦诚相待，他的朋友会越来越少，这样是不容易融入社会的。但如果他自己选择和飞飞这样拥有很好的社交能力的孩子玩耍，就会发现原来陌生人的身上也有很多地方值得自己学习，而且与人相处可以得到更多快乐。

在这样的影响下，那个小朋友就会慢慢地学会打开心扉去接纳他人。著名的教育专家蒙台梭利提出过一个教育主张——混龄教育。也就是说，让不同年龄段的孩子在一起接触、交流，从而相互学习，接纳。

在混龄教育中，让不同年龄的孩子在一起玩耍，会增加他们的互动性和层次性，与异龄的朋友交往是对孩子的一种新的挑战。随着年龄的增长和环境的变化，孩子的角色也在发生着改变。比如：在家里，孩子是弟弟或妹妹，在其他地方有可能就变成了哥哥或姐姐。

像这种变化，就是让他们不断适应和接受新的角色。而混龄教育的出现，就为幼儿创造了一个比较复杂的、动态的小型“社会环境”，为孩子的情感发展提供了动力和源泉。

霍先生的儿子梓鑫已经上幼儿园大班了。由于梓鑫是独生子女，所以在家中常常“埋怨”爸爸妈妈怎么没给自己生个小弟弟或小妹妹，家里除了玩具就是图书，没有人陪他玩。梓鑫常常感叹“哎，真没劲”。甚至有时候生病了，他也吵着要去幼儿园，只是因为幼儿园有很多小伙伴可以一起玩，这样才“有劲”。

一天，楼下搬来一户人家，家中正好有一个 3 岁的小男孩。霍先生就鼓励儿子梓鑫去找小男孩玩。梓鑫一开始时很不习惯，觉得小家伙儿太小了，什么也不知道，还抱怨说他一点也不爱惜玩具，不爱护图书，等等。

经过一段时间接触后，梓鑫渐渐地习惯了，而且还教会了小家伙儿如何用积木搭房子，如何看书，有时候还会将自己在幼儿园学到的知识和儿歌讲给小家伙儿听。

霍先生发现，儿子比以前懂事多了，像个“小大人”似的，对小弟弟很关心、很友好。小家伙儿跟在梓鑫后面跑过来跑过去地学这学那，很明显也有了很大的进步。两个人之间甚至还有小小的默契。有时几天不见，还相互想念对方呢！

从故事中，我们可以看出：不同年龄段孩子间的交往对彼此的成长都是很有益的。

对年龄较小的孩子来说，视年龄大的为榜样，能够更快、更多地获取知识和经验，提高各项能力；而对年龄较大的孩子来说，通过对小孩子的关心、爱护和教导，不仅培养了他的语言组织能力，还拥有了自觉性和责任心，以及互爱互助、热情待人的优良品质。

很多父亲怕年龄小的孩子和年龄大的孩子一起玩会被欺负或者学坏，常常阻止这种交往。当然也确实有一些大孩子会去“领导”小孩子，当小孩子不服从时，就会“修理”小孩子，这就需要父亲做个有心人，通过细心观察、了解，帮助孩子明辨是非。有时候，即使小孩子偶尔吃一点亏也没关系，这也间接地培养了孩子的抗挫折能力。

收拾孩子，不如收拾孩子的情绪

当孩子有不良情绪的时候，父亲不要使用暴力手段，而要帮助孩子消除不良情绪。在孩子情绪差的时候，父母们不如换一个角度来看，比如:“孩子是不是碰到了不如意的事情？”“我哪句话说得不对，影响到孩子了？”父母们要用适当的方式来和孩子交流，有效地帮助孩子改善不良情绪。

有这样一个故事:

忠忠今年 7 岁了，上小学二年级。忠忠学习成绩不错，也懂事，但就是有个坏毛病——脾气暴躁。只要稍不如意，忠忠就会大发雷霆，大喊大叫。就算是父母跟他讲道理，他也听不进去，有的时候还会吵闹、哭喊、在地上打滚。有一次，他竟然随手拿起杯子朝爸爸砸去，好在爸爸闪得快，不然真的出大事了。

为此，父母想尽了办法来整治忠忠：打他、骂他、劝告他、罚他站墙角……可是，这些对忠忠来说一点儿都不管用。有时忠忠的情绪会好一点儿，但一遇到事情，立即就会变回原来的样子。

有一天，忠忠看到邻居家的弟弟拿着一个变形金刚，他觉得很好玩，两个人就玩了起来。直到晚饭时间，忠忠才依依不舍地回家了。

回到家里，忠忠就对爸爸说：“爸爸，你给我买个变形金刚吧！”

“你的玩具箱里不是已经有两个了吗？”爸爸淡淡地说道。

“我想要小朋那样的！要一模一样的！”

“那……下个周末吧！等爸爸发了工资以后给你买。”

“不行！我现在就要！”忠忠的愿望没有得到满足，便大声喊了起来。

“你这孩子，我每天工作那么忙，你怎么那么不听话！来，忠忠乖，咱们吃饭了。”

“我不要吃！我就要变形金刚。”忠忠的倔脾气上来了，又开始蛮横了。

“快点吃饭！吃完了我要收拾东西睡觉了！”爸爸生气了，说话的语气重了点。

“砰——”令爸爸没有料到的是，忠忠竟然把饭桌上的一碗米饭推到了桌子下，碗一下子摔碎了，米饭撒了一地。

爸爸很是生气，拽过忠忠便朝他的屁股上狠狠打了两下，被打的忠忠立马躺在地上哇哇大哭起来。

为此，爸爸是又着急又生气，不知道该怎么办了。

实际上，爸爸的打骂对忠忠来说是没有一点儿意义的。与其批评他、打他，不如教忠忠如何控制自己的情绪。接受孩子的情绪，并不意味着要接受他无礼的行为。当孩子看到别人有一件比较好的东西时，难免也想拥有。父母们不要去打击孩子，也不要去压抑孩子的这种情绪，应该去承认孩子的情绪。

在孩子感到生气的时候，父母们要赞同他的情绪，并表示自己可以理解。这样孩子就不会那么冲动，而会先冷静下来。

在教孩子接受自己的想法时，父母们也要控制好自己的情绪，并确保自己的情绪不会伤害到别人。

无论是孩子还是大人，每个人都有着自己的情绪和脾气。但是，如果一个人不懂得控制自己的坏脾气，那么在他今后的人生道路上，就会伤害朋友、破坏感情，甚至出现更糟糕的事情。因此，心理专家建议：要让孩子从小学会控制自己的坏情绪。

那么，父亲如何帮助孩子学会控制自己的坏情绪呢？

首先，要让孩子在合理范围内有充分表达情绪的权利。要知道，孩子能够充分、合理地表达自己的情绪，说明他的心理发育很健康。孩子的年纪还小，可能他的情绪表达会有一些不那么让人愉悦，或者出现一些过激行为。比如：孩子与别人发生争吵，如果是与别的孩子发生争吵，就是不利于自己的人际关系；如果是与长辈发生争吵，就是不懂事，没有礼貌。

在遇到这些情况的时候，父母不应该视而不见，要及时采取措施，加以管制。并且，要让孩子知道：发泄情绪也应有一定的原则！发泄情绪不应该建立在损害他人的利益和损害物品上。当孩子长大一些的时候，就应该鼓励孩子用语言表达自己的情绪，告诉孩子遇到问题的时候，要讲道理，说出原因，不能动不动就乱闹、发脾气，蛮横不讲理。

其次，要想让孩子养成良好的情绪表达习惯，父母们应该做孩子的榜样，以此来影响孩子。

在家庭中，如果父母教育孩子的方式比较粗暴，动不动就打骂孩子，孩子对各种事情没有解释的机会和发言权，那么孩子就会缺乏正确表达情感的机会。慢慢地，孩子就会学到父母身上的坏情绪，从而影响到周围的人。

再次，父母的良好情绪对孩子有着一定的影响，如果父母不调节好自己的情绪，那么孩子也会产生一些负面情绪，如生气、失望、厌烦，等等。

在日常生活中，我们经常会听到有父亲对孩子说：“你不那么淘气，我就不会这么生气！”或者是：“你真让我伤心！”仿佛父亲的烦恼都来源于孩子。

可是，父亲生孩子的气是因为孩子不好吗？如果真的是这样，那么父亲都会做出什么样的反应呢？比如：孩子上蹿下跳，跑来跑去的，有的父亲认为是活泼可爱；有的父亲表示厌烦，认为是孩子不听话。

但实际上，什么事都是有原因的。如果父亲能够正确看待孩子的情绪，对孩子的情绪抱有一些不同的观点，那么，孩子的情绪在改善的同时，父亲的情绪也会变得好一些。要知道，能够控制自己情绪的人只有自己。

最后，父母们可以教孩子使用一些消除压力和怒气的办法。比如：父亲可以带孩子去操场上打篮球；去看看大海、草原；跑步、游泳，等等。

实际上，帮助孩子学会控制自己的情绪，不是一件容易的事，父母一定要有耐心和毅力。要知道，如果孩子学不会控制好自己的情绪，很可能会影响他今后的发展。因此，为了孩子今后的身心健康和发展，父母要为孩子制订一些计划，以改变和疏导孩子的坏情绪。

孩子最想要的礼物是快乐

实际上，年幼的孩子就应该生活在一个充满梦想和快乐的环境中，享受着阳光，享受着大自然，享受着一群小伙伴的友谊。然而，我们经常会看到这样的情景：有个孩子在楼下玩耍，爸爸在一旁催促：“好啦，疯玩什么，快点回去做作业吧！”当孩子背着超重的书包，艰难地走着时，一旁的父母就会说：“孩子，好样的！吃得苦中苦，方为人上人啊！加油。”

其实，这是一种十分不健康的心态。抱有这种心态的父母大多认为：孩子的童年是不重要的！快乐？只有取得良好的学习成绩，考上名牌大学，这才是快乐。但其实，快乐可不是这样的。让孩子学业有成、事业成功并不是家庭教育的最大目标。所谓的成功，也不是孩子想要的幸福和快乐。在孩子眼里，能够自由一点，能够想玩什么就玩什么，想在地上打滚就在地上打滚，这才是快乐。

对孩子来说，他们最想要的礼物就是——“快乐”。可以说，快乐是一个人一生的财富，快乐是一种积极乐观的生活情绪，快乐是能够在面对苦难时轻松一笑。一个快乐的人一般都是用理智的方法来解决问题。美国儿童心理学家经过一项调查研究发现：只有注意培养孩子快乐的性格，才有利于孩子的健康成长。

那么，父亲怎样培养孩子快乐的性格呢？

注意培养孩子对快乐的体验

在每一件小事上，父亲都可以询问孩子的感觉，比如：高兴不高兴？可不可以？为什么？或者：“你喜欢出来玩吗？高兴吗？”“你能帮忙做家务，爸爸很高兴。”

让孩子有机会享受“不受限制”的快乐

在日常生活中，小孩子喜欢大吵大闹或者翻弄家里的东西。父亲一般会想办法制止孩子，还会对孩子说：“不要吵到隔壁家邻居了。”“一会儿对面爷爷就会来敲门了，他身体不好！”

在父亲的管教“有方”下，孩子变得越来越没有热情了，变得越来越没有活力了，天性也受到了压抑。

要知道，孩子需要尽情地玩耍，带着童真的想象力尽情地玩耍，需要在冬天的时候去堆雪人、打雪仗；在下雨的时候，观看蚂蚁回家；在陌生的地方和环境中，探索周围的奥秘。

也许在大人看来他们的活动是没有意义、不快乐的，但是对于孩子来说，就是最大的快乐。因此，父亲不要总把自己的喜欢和不喜欢强加给孩子，而要让他们做他们喜欢做的事情。

不要苛求孩子

由于孩子还年幼，他们在各方面的能力有限，因此会有一些能力不足的地方。在平时，父亲不要对孩子过分要求，苛求完美。如果父亲总是对孩子表示不满和批评，就会伤害孩子的自尊，从而使孩子失去自信。

给孩子展示自己的机会

每个孩子都有自己的优点和独特的技能，如果能够在父亲面前展示自己的特长，获得父亲的肯定，孩子就会觉得很快乐。比如，孩子对父亲说：爸爸，我给你讲一个故事好不好？即使爸爸在忙别的事，也要满足孩子的这个小要求，并且给予一定的肯定：你讲得真是太棒了。

对孩子来说，能够与最亲密的人分享故事和想法，是一件快乐的事情。慢慢地，孩子的热情、能力通过与父亲分享和得到父亲的肯定，就会转化成自信、乐观等品质，这些品质对他们一生来说都是一笔财富。

教孩子调整心理状态

有的人能够快乐，是因为他具有很强的适应力。当孩子受到挫折的时候，父亲就可以引导孩子，从而帮助孩子调整自己的心理状态。

加强与孩子之间的亲情

在帮助孩子培养快乐性格的过程中，亲情和友谊起着非常重要的作用。因此，父亲要在平时多与孩子沟通、交流，还要鼓励孩子多与同龄人一起玩耍，让他们学会愉快地与他人交往，从而变得快乐一些。

保持家庭生活的美满和谐

家庭和睦，也是培养孩子快乐性格的一个重要因素。教育专家经过调查表明：在一个和睦的家庭中成长起来的孩子，长大以后性格就会比较乐观、健康。而生活在一个不幸的家庭的孩子，长大以后性格会比较孤僻、自闭。

为了孩子的今后，父亲一定要为孩子营造一个和谐的家庭氛围，孩子才能离快乐更近一点。

认真倾听孩子的心声

在平时，父亲要细心观察孩子，看他是不是有心理压力，压力从何而来，并帮助孩子克服。父亲可以抽出时间与孩子交谈，认真倾听、了解孩子真实的心理状况，从而根据不同的心理进行不同的引导。

树立孩子的自尊心

在家庭教育中，最重要的一点就是——尊重孩子的一言一行，父亲应该帮助孩子树立起自尊心、自信心等。

尊重孩子的兴趣爱好

在平时的时候，父亲可以鼓励孩子多发展兴趣爱好，也可以多参加一些学校组织的课外活动。如果孩子所学的东西都是自己选择的、感兴趣的，那么孩子也不会觉得是负担或压力了。

在这样的家庭教育中，相信孩子会有一个快乐的幸福人生。

用情商来教育孩子

情商并不是天生的，而是在后天的培养中慢慢形成的。一个孩子的情商和性格养成有着两个方面的影响：一是来源于母体；二是受到周围环境的影响。在教育中，父母作为引导者和榜样，对孩子产生的影响是非常大的。

孩子从一出生开始，所接触的东西都是家庭里的东西。在养育孩子的过程中，父母与其朝夕相处，对孩子是非常了解的。父母们知道如何启发孩子的兴趣，如何鼓励他，并且会理解孩子所做出的一些行为和感受。可以说，父母们所教育孩子的东西，是再好的学校和老师都替代不了的。

教育专家说：3 ~ 12 岁是孩子情商培养的关键期，情商教育能影响孩子的一生。心理学家们在经过一番调查后表示：只要是在关键期受过正规情商培养的孩子，无论是在学习成绩方面，还是在今后的工作中，都比那些没有受过情商教育的孩子表现得更优秀。可以说，情商教育不仅能够让孩子的学习成绩有所提高，还能够让孩子养成乐观、自信的性格。一个乐观自信的孩子是不怕失败和挫折的；一个乐观自信的孩子是活跃和有创造力的；一个乐观自信的孩子具有获得成功和幸福的能力。

在日常生活中，那些高情商的孩子在各方面都显得比较成熟，他们有良好的人际关系，能控制自己不受到负面情绪的影响，更容易适应环境，把握机遇。但是，也有那么一部分孩子，他们在情商方面能力偏低。那么，父亲知道情商低有什么表现吗？

顽固

在生活中，有些孩子的性格比较顽固。他们不仅听不进别人的意见，也不会轻易采纳别人的建议。就算别人说的是对的，性格顽固的孩子也会坚持到底，不能根据事实和利益进行判断。

怨天尤人

虽然怨天尤人这一情绪是人之常情，但如果是经常抱怨的话，那就要从自身来反省了。要知道，怨天尤人不仅没有一点儿用处，还是一种消极心态的象征，是弱者不明智的选择。

父亲也要特别注意：不要在孩子面前抱怨他人、他事。

在美国，有近一半的父母都希望孩子能够进入“常青藤学府”——哈佛大学、耶鲁大学、普林斯顿大学、哥伦比亚大学、康奈尔大学、布朗大学、达特茅斯学院和宾夕法尼亚大学。

要知道，这些名校的入学标准十分严格，申请的人不仅要学习成绩好，而且要具有一定的独立性，要有自信，还要有一定的特长。那么，为什么父母们还想让孩子进入这些学校呢？美国一位著名的企业领袖说过：即便是那些哈佛的新生不去上学，让他们随便干点什么，等 20 年后，他们也会比一般人成功。他们成功的关键不在于哈佛教给了他什么，而在于哈佛选择了什么样的人。

由此可见，这些名校的教育并不是局限于狭隘的知识教育，而是选择或塑造出什么样的人，这才是教育成功的关键。因此，父母都想把孩子送进这个塑造“成功”的钢铁炉。

其实，美国主流社会的精英可不全是出自这些名校，比如：有很多诺贝尔奖获得者来自芝加哥大学、加州理工学院、科技人才荟萃的麻省理工学院和斯坦福大学，还有牛津大学和剑桥大学。实际上，不论是在那些常青藤学府，还是在其他大学，它们都有一些共性。下面，就为大家附上哈佛大学的“附加个性评价表”。在这张表中，涉及了申请者应该具备的东西：

1. intellectual curiosity　好奇心及求知欲
2. intellectual creativity　创造能力
3. academic achievement　学业成绩
4. academic promise　学业前景

5. leadership　领导能力

6. sense of responsibility　责任感

7. self-confidence　自信心

8. warmth of personality　为人热忱

9. sense of humor　幽默感

10. concern for others　关心他人

11. energy　活力

12. maturity　成熟

13. initiative　主动性

14. reaction to setbacks　对挫折的反应

15. respect accorded by faculty　受老师们的重视程度

根据这些“附加个性评价”，哈佛大学或者其他大学就能得出申请者的优秀程度。并且能看出：这个学生各方面的状况和发展潜力怎么样？在同一所学校、同一届、同一地域的学生中有多突出？在那么多的竞争者中，申请者又有哪些优势？

由此可见，这些名校关注的并不仅仅是学习成绩，还包括成绩背后一个人所具备的各种能力。比如：个人影响力、团队精神、协作能力等，而这些就是对情商的考核。

其实，教育的目标可以分为两部分：一部分是品格修养；另一部分是一个人各方面能力的发展。而品格和能力又成为孩子的情商的部分，这些会影响到他如何交友、如何定位自己、如何学习、如何面对困难等。这些才是他今后生活中需要的能力。

也因此，我们得出一个结论：教育的最终目的是培养一个幸福的人，而高情商是幸福的重要保证。当然了，父母除了引导孩子要在情商方面发展和锻炼之外，还需要锻炼自己的情商。

很多父亲都认为：孩子只要智商高就是最棒的。其实，情商才是决定孩子成功与否的关键性因素。因此，父母要注意自己的教育方式，要把孩子培养成一个具有高情商的人。那么，父亲要如何来培养孩子的高情商呢？

培养孩子的自我控制能力

可以说，自我控制能力是一种内在的心理功能，能够让一个人自觉地控制自己的言行举止，从而帮助自己纠正不良的行为习惯。因此，父亲要培养孩子的自我控制能力。

让孩子分清自己的情绪

在家庭教育中，父亲要帮助孩子分清楚自己的情绪状态，这不仅可以帮助孩子调整好不良情绪，还可以让孩子学会换位思考，深刻地体会到他人的感受。

有意识地培养孩子的交往能力

在日常生活中，父亲要为孩子创造更多的交往机会，让孩子主动走出家门，或者邀请自己的朋友来家里做客，以扩大孩子的社交圈子。在孩子和别人相处的过程中，父亲要引导和帮助孩子学习和掌握一些关于交往的技能。

引导和帮助孩子树立自信心

只有孩子具备了自信，才会在面对困难和挫折的时候沉稳应对，并且用良好的抗挫折能力度过困境。不过，培养孩子的自信心不是一朝一夕就能完成的，而是需要父亲有耐心、有毅力。

引导孩子应对负面情绪

只要生活在有人的地方，事情就不会少。不管是大人，还是孩子，都会有一些负面的情绪。当孩子面临这种情绪的时候，父亲可以引导孩子宣泄出来，比如采用跑步、游泳、爬山等运动方式。

在家庭中，父亲是孩子最好的模仿对象和榜样。因此，父亲可以通过自己的言行举止来影响孩子，从而培养孩子的高情商。

避开情商教育的误区

在每个家庭中，父母们都抱着“望子成龙、望女成凤”的期待，但是父母们在教育孩子的时候，是不是用了正确的教育方法？有没有下意识地培养孩子的情商，让孩子在学习和工作中更上一层楼呢？

有这样一个故事，我们先来看一下：

男孩今年 8 岁，上小学三年级。在学校里，他的脾气很暴躁，很多同学都不愿意和他玩，甚至不想和他说话，因为他实在是太粗鲁了；在家里，他依然是带着暴躁的情绪对待家人，为此，他的父母苦不堪言。

每当男孩在家里撒泼、哭闹的时候，父母就会苦口婆心地教育他。如果他还是不听话，就会罚他站墙角、责骂他、呵斥他……但是这些招数对孩子一点儿都不管用。

一天，男孩看到同学拿了个新款的铅笔盒，觉得颜色很漂亮，款式也很新颖。为此，男孩便想据为己有，还和同学打了一架。回到家后，男孩对爸爸说：“爸爸，我同学有个新款的铅笔盒，非常漂亮，很好玩！”

“哦，是吗？”

“你也给我买一个吧！我想要。”

“可你的文具盒是开学的时候才买的啊，还不到一个月呢！”

“可是我的文具盒没有人家的好看，我就是想要那种的。”

“不行！”爸爸粗鲁地打断了他。

“不嘛，不嘛！我就是要！我要新的文具盒！”

在一旁加班的爸爸没有理会他的哭闹，继续工作起来。但男孩却一下子拔掉了爸爸电脑的电源，电脑一下子自动关机，爸爸所做的文档也没有保存。

为此，爸爸非常生气地揍了他一顿，男孩哇哇大哭起来。

实际上，在生活中我们经常会看到这样蛮横不讲理的孩子。他们不仅交不到朋友，也不招人喜欢，还令父母很头疼。为此，他们和父母之间发生了很多的不愉快。

但实际上，我们并不能把错误都归结到孩子身上，父母也应该反省。因为孩子年幼，他们并不懂得一些道理。父亲要告诉孩子一些管理情绪的方法。

首先，父亲要懂得接受孩子的情绪，“你同学的新文具盒，一定很漂亮吧！”这时，孩子就会回忆文具盒的好。其次，父母们可以说：“我们家不是有个 ×× 东西吗？你可以邀请同学来玩。他肯定没有见过。”接下来，孩子就会转移自己的注意力，从而关注其他的东西。

但是故事中的爸爸却一再否定并回避孩子所要表达的情绪，这样的回应，势必会让孩子的情绪爆发。

在孩子情绪差、想要发怒的时候，父母们应该告诉孩子：你可以生气，但是不能用坏情绪去伤害别人或者摔毁别人的东西。给了孩子一个底线后，孩子即使在最不冷静的时候，也会有一个警钟。另外，父母们要学会把孩子带出那种“一触即发”的环境，并试着分散孩子的注意力。在这样的交谈后，如果孩子还是要发脾气的话，就不要再理睬孩子，离孩子稍微远一点儿，等孩子的气消了，再去和孩子交谈，并疏导孩子的坏情绪。

其实，要帮助孩子学会控制自己的情绪，可不是一件容易的事情。

有些父亲在孩子发脾气的时候，就会用更坏的情绪来压制孩子，甚至还会使用暴力来打击孩子。最终，父亲和孩子之间不欢而散。这样的结果不仅影响了孩子的身心健康，还影响了父子间的关系。

在培养孩子情商的过程中，父亲们不要希望一蹴而就，也不要压制孩子发泄自己的坏情绪。有的孩子看起来很乖，但总会做出让人惊讶的举动，这就是因为他们的情绪受到压制。

情商教育的重点是让孩子能够正确认识到自己的情绪，从而接纳自己，而不是变成一个表面知书达理、内在却是一个“伪君子”的人，父亲千万不要走入教孩子阳奉阴违的歧途。

要知道，父亲的错误培养方式不仅不会达到教育的目的，反而会让孩子变得更令人担忧、令人着急。因此，父亲一定要以正确的方式来培养孩子。

下面，我们罗列出几种在培养孩子情商的过程中，有可能会遇到的误区，以防父亲出现这样的错误。

溺爱与专制的家庭教育

父亲应该培养孩子坚强自主的性格品质，可是现如今那些溺爱孩子、包办孩子的父母仍然十分普遍。一方面，父亲对孩子照顾得无微不至，生怕渴着了、饿着了、困着了、累着了；另一方面，父亲又缺乏一些民主意识。

在他们这种极其细致敏感、胆战心惊、生怕出事的教育下，孩子就会变得软弱，事事依靠父母。慢慢地，孩子的性格就会被禁锢了。

在生活中，我们经常会看到这样的情景，比如：孩子摔了一跤，膝盖磕了一下，父母们赶紧上前，又是吹又是拍，有的时候连眼泪都冒出来了。这真让人弄不清楚，到底是父母摔跤了还是孩子摔跤了。

表面上来看，父母是心疼孩子，害怕他受伤害，但实际上却是在害孩子，给孩子灌输了弱情商的教育方式，教会孩子脆弱的生理和心理反应。父亲的“专制”事件越来越多，孩子的情商就会越来越低。

因此，父亲不要对孩子过于溺爱，也不要过于“专制”，这只会让孩子在身体上是“小皇帝”，精神上却是一个被禁锢的“小奴隶”。

鼓励少，打骂多

在培养孩子的情商时，鼓励少，打骂多，也是父亲所面临的误区之一。这种做法对孩子的情商发展非常不利。父亲必须加以克服，才有机会提高孩子的情商。因此，父亲们一定切记：要对孩子多鼓励，少打骂，并找机会放大孩子的“闪光点”，让孩子明白自己的优点。

重视智商教育，轻视情商教育

在有些家庭中，很多父母都十分重视对孩子的智商教育，甚至过分重视，让孩子想躲都躲不掉。但是，他们对培养孩子的情商却一无所知。

在有些父母眼里，他们一直想着：如何让孩子变得聪明？如何让孩子考得高分？如何让孩子考上理想的学校……可是在这个时候，父母却不注重对孩子心智的培养。

要知道，如果父母只重视对孩子进行文化灌输，而忽视对孩子的心智培养，比如：如何接纳自己，如何接纳别人，拥有正确的人生观和价值观等，那么孩子怎么会有一个高情商，从而实现父母的那些愿望呢？相反，孩子在这样的教育中，会渐渐变得冷漠、自私、焦虑、任性等。

因此，父亲在重视孩子的生活是不是优越，脑袋是不是很聪明，学业好不好的时候，还要加强培养孩子的责任感、合作意识、竞争意识、选择能力、承受能力、社交能力等。只有对孩子的智商和情商一样重视，孩子的各个方面才会齐头并进、全面发展。

不能正确评估孩子的情商水平

在家庭教育中，父亲应该正确评估孩子的情商水平，从而让孩子的情商得到有力的发展。但是，有的父亲却不能正确评估孩子的情商水平，总是用一句“小孩懂什么”或者“听我的就行”来面对孩子，其实这是轻视孩子情商的典型表现。

可以说，现在的孩子的眼睛就像是照相机，每天都会拍下无数人的“形象”和事件。当他们遇到某些人或事件的时候，就会发表自己的见解，比如:“爸爸抽烟、喝酒是不对的！因为烟酒都伤身体”“爸爸穿这件衣服不好看”“为什么他们能看电视，而我只能看书呢”，等等。像孩子的这种感受能力和独立的想法，就是一种“高情商”的表现。因此，父亲要明确孩子的高情商，不要随意抹杀，而要对孩子加以诱导。

总而言之，父亲在培养孩子情商的时候，不要走进以上误区，而要根据孩子的不同特点，找出一些适合孩子的方法，从而正确引导孩子，培养出一个高情商的孩子。

第九章

如何沟通：如何说孩子才会听，如何听孩子才会说

孩子为何不告诉你他在想什么

在生活和学习中，孩子需要的到底是什么，父亲知道吗？孩子在想些什么，父亲了解吗？教育专家做了一项调查研究，研究结果显示：随着孩子的年龄增长，与父亲之间的距离也越来越远。在孩子们选择最愿意倾诉的对象中，父亲的得票数最少，排在前面的分别是朋友、社会工作者、心理辅导员……

难道说父亲不爱孩子吗？当然不是！这可是对父亲最大的冤枉！可怜天下父母心，作为父亲不仅要勤奋工作，还要赡养老人，照顾孩子，并且视孩子比自己的生命还重要。然而，在这样的忙碌中，孩子却产生了心理困惑，而父亲也禁不住自问：孩子不肯跟我说心里话怎么办？

实际上，这是因为父亲没有站在孩子的立场和角度思考问题。只有从孩子的角度和立场来思考问题，用孩子喜欢的方式与之交流，放下

"我才是家长"的架子，友好、平等地与孩子交流，才能真正走进孩子的内心。

有这样一个故事：

在一次交流课上，女老师问班上的一位学生："你和父亲之间的关系融洽吗？"

那个同学摊摊手，无奈地说："我现在和父亲之间的沟通越来越少了……每天回到家以后，我就把自己关在房间里，除了吃饭的时候出来，几乎见不到父亲的面。"

听到这样的对话，有的父亲会狡辩说："我天天跟孩子说，要好好学习，将来考大学！""我整天跟孩子在一起，陪他做作业，给他准备书包，这不是交流吗？""孩子是大人了，应该懂事了！难道让父亲每时每刻地注意他吗？""天啊！我很想和孩子交流啊……可是我们一交流就会吵架。"

原来，父亲把"单纯的说教""抱怨""自以为是的认为""吵架"等都归于沟通。但实际上，这种沟通是不正确的，是消极的！这种沟通方式，不仅会让孩子封闭自己的内心，还会破坏孩子和父亲之间的关系。事实上，孩子最需要的是一个平等的交流机会，而不是父亲那"高高在上"的态度。

不管孩子有多大，都会有自己的烦恼。在他们的眼里：世界上没有人理解自己，没有人倾听自己的话，没有人在意自己的内心想法。而父亲也是这样认为，当然了，他们并不把孩子当作倾诉对象，他们认为孩子还小。在这样的"沟通交流"中，父亲与孩子的心理距离就会越来越远。

慢慢地，"沟通不畅"就成为父亲和孩子之间交流的最大阻碍。父亲依旧关心孩子，担心孩子出现厌学、早恋、网瘾等问题，却从来没有想过孩子的心理困惑和烦恼该如何解决。

虽然父亲与孩子生活在一起，天天见面，却根本不知道他们在想些什么。父亲不了解孩子的精神世界，就很难有效地与孩子沟通，并且引导他们成长为自己所希望的人。

因此，父亲要经常与孩子在一起，下班后经常与孩子谈天说笑，以培养亲情，共享欢乐，比如下棋、看球赛、听音乐、游泳等。当然了，想要知道孩子心里想什么，在与他们打成一片之前，就要与孩子亲近，取得孩子的信任。下面这几个具体方法，仅供父亲参考：

要取得孩子的信任

在日常生活中，父亲要多花些时间与孩子相处，并且要轻松愉快地相处。除此之外，父亲还要和孩子进行朋友式的交谈与娱乐，并且还可以在一起打闹和开玩笑，让家庭充满幽默的、亲切的氛围。

在与孩子交流的时候，父亲应该用信任和亲切的目光注视着他，让孩子看着你说话。要知道，眼睛是心灵的窗户，对视也是一种交流。

当孩子想要跟父亲讨论一件比较重要的事情时，父亲一定要先放下手头的工作，并对孩子所说的事情表现出兴趣，再耐心一点听孩子说完。这样的话，孩子就会觉得父亲很重视他，从而主动敞开心扉，向父亲倾诉一些自己的小秘密和想法。

当孩子说得比较投入的时候，父亲可以紧挨着孩子坐下，并侧身搂着孩子的肩膀。或者坐在孩子的对面，紧握着孩子的手，用慈爱的目光注视着孩子。在与孩子说话的时候，语调应该柔和一点儿，声音要温柔一点儿。与此同时，父亲还要不断地给孩子一些鼓励。这样的沟通，就能有效拉近父亲与孩子之间的关系，从而取得孩子的信任。

对待孩子应该真诚

在与孩子交往的过程中，父亲不要把自己在外边的“现实”“成熟”

带到家中，也不要把孩子当成陌生人一样，说话生硬。而要真诚地对待孩子，真实地对待孩子，孩子才会感受到父亲的态度，从而也变得真诚起来。

敢于向孩子承认错误

在教育孩子的过程中，父亲难免会出现一些错误。如果发现自己错了的话，父亲就要及时承认，并且向孩子说声“对不起”。

不过在有些家庭中，父亲总是一副“我是家长，我说什么都是对的”的样子，让孩子不敢恭维。即便父亲真的错了，孩子们也会忍气吞声。长期下去的话，父亲和孩子当然不会进行友好的沟通了。因此，在家庭教育中，父亲不要不好意思，要放下自己的面子。

要知道，父亲的改变不仅会让孩子感到惊奇，还会增加孩子对父亲的信任，并激发和加深亲子之间的感情。

始终如一

什么叫始终如一？始终如一的大概意思是：每当某事或某种情况发生的时候，父亲都要用一种方式处理。在教育中，对待孩子的一致性，是孩子对父亲保持信任的基础。这种信任是让孩子预先知道父亲的意图，并知道父亲会做出什么样的反应。这样的话，他们就会觉得很安全。

如果父亲总是变换自己的教育方式，就会让孩子觉得不安，甚至感到害怕。因为父亲的不定性因素太多了，自己不知道如何应对。

总而言之，父亲要记住：亲子之间不是老板与下属的关系，而是一种平等的、互相尊重的、互相关心和彼此信任的关系。只有尊重孩子、理解孩子，才能够赢得孩子的信任，知道孩子心中所想。

耐心地倾听孩子的内心

在家庭中，父亲总是把孩子当成不懂世事的孩子，认为他们没有什么烦恼和想要说的话。但实际上，这种想法是错误的。每个人都有自己想要说的话，包括孩子。

因此，父亲一定要耐心去倾听，才能够真正了解到孩子的想法和感受，亲子之间的关系才能变得更好。

有这样一个故事：

小栋今年 10 岁了，是一名小学三年级的学生。最近，老师觉得小栋很奇怪，以前他非常活泼开朗，上课积极发言，可现在却变得沉默寡言，经常一个人发呆。

经过老师的一番询问，才知道了小栋变得不爱说话的原因：以前，每当小栋放学回家以后，就会把学校发生的趣事讲给父亲听，可是父亲总是觉得这些话没有用。要知道，他的父亲是一个非常严格的人，把全部希望都寄托在小栋身上，希望小栋能考上好大学，将来能够出人头地。可小栋似乎不把这些当成一回事，而是喜欢说一些学校的小事。

因此，每当小栋兴高采烈地与父亲说这些时，父亲就会立即打断他："整天只会说这些废话，一点用处也没有，你要是把这些心思都放在学习上多好，快去写作业！"慢慢地，小栋就不说了。

有一次，班里发生了很有趣的事情，小栋迫不及待地想要和父亲分享。正要说的时候，父亲厉声道："说了你多少次了，让你别说这些废话，你还说！以后再说，看我不收拾你！"

父亲的样子让小栋感到很害怕，便不敢再说，只得回到自己房间。时间一天天过去，小栋的话越来越少了。每天放学后，他就把自己关在房间里，吃饭的时候才出去。周末放假，父亲也不准他出去玩。慢慢地，小栋在学校也变得沉默寡言了。

看完这个故事，我们不由得感叹：父亲可以造就一个孩子，也可以毁掉一个孩子。虽然孩子的主要任务是学习，但是除了学习，更重要的就是拥有一个好的个性。故事中的小栋原本是一个活泼开朗、积极向上的孩子，可是在父亲的压迫下，他变得越来越沉默寡言，甚至还影响到了学习。

在这种家庭教育方式下，孩子又怎么会开口跟父亲讲心里话呢？父亲要想一想，自己平时有没有以下行为：

当孩子有话与你说时，父亲总是以“忙”为理由；

当孩子兴致勃勃地向你诉说时，总是不耐烦地将其打断；

在孩子想要与你交流的时候，总是沉默对待。

有很多父亲对孩子在生活上非常关爱，可他们却没有做到真正平等地对待孩子，注意孩子的自尊等方面。比如：当孩子在学习和生活上遇到问题，要向父亲诉说的时候，父亲就打断他，不让孩子把话说完。有的时候，父亲认为孩子不成器，便非打即骂。

对于父亲的这种反应，孩子只能将话咽回去。据一项调查显示：有70%以上的父亲承认没有耐心听孩子说话。

由此可见，父亲的行为对孩子的伤害有多大。当孩子的想法得不到父亲重视的时候，他们只得把秘密和想说的话埋藏在心里。这样的话，父亲就不会知道孩子所想，不知道如何去教育孩子了。

久而久之，不仅亲子之间的关系会出现问题，就连沟通也会有困难。教育专家对此情况做了调查，结果显示：70%～80%的孩子的心理问题与家庭有关，特别是与父亲对孩子的交流沟通方式不当有关系。除此之外，父亲不让孩子把话说完，也是影响孩子的一个原因。比如：不利于孩子语言表达能力的提高；会让孩子产生自卑情绪。要知道，孩子诉说内心的感受，是提高表达能力和增强社会交往能力的一种方式。

在生活中，每个人都渴望有人听自己说话。但是在大多数情形下，人与人之间不能实现良好的沟通，就是因为有人说话的时候没有人听。如果父亲能对孩子的倾诉多一点耐心，不急于打断孩子的话，那么孩子在遇到事情的时候，就会向父亲倾诉，并且与父亲建立良好的沟通。

因此，在日常生活中，父亲要引导孩子说出自己心里的话，说出自己的想法，并与之交流，比如：倾听一段谈话、讲一个故事和看一个电视节目。让孩子全身心地投入到谈话之中。交谈需要花费每个人的一些时间，最好让孩子与父亲在轻松的气氛中进行。在谈话的时候，可以让孩子自由发挥，不要有什么仪式安排或预期达到的结果，并尝试着与孩子随意交流观点和看法。

有这样一个小故事：

强强今年 5 岁了，是个非常懂事的孩子。有一天，爸爸问他："假如爸爸和你一起出去玩时渴了，一时又找不到水，而你的小书包里有两个苹果，你会怎么做呢？"

强强小嘴一张，奶声奶气地说："我会把每个苹果都咬一口！"

听到强强这样的话，爸爸觉得一阵失落。虽然儿子年纪尚小，但平时是个很懂事的孩子啊，他怎么会这么自私。本来想要对他训斥一番，但细想一下不妥。于是，爸爸就问："儿子，能告诉爸爸为什么要这样做吗？"

强强眨巴眨巴眼睛，满脸童真地说："因为……我想把最甜的一个留给爸爸！"

听到儿子的话，爸爸不由得感到欣慰起来，并开始庆幸没有在问清楚原因之前批评儿子。

看到这个故事，我们可以知道：学会倾听孩子的话，是多么重要。

试想，如果爸爸不听强强说完话，就贸然一顿批评，结果肯定是另外一个样子了。比如：强强生气了，不理爸爸了或者是爸爸生气了，让家庭关系变得不和谐。

由此可见倾听的重要性。父亲多陪伴孩子，耐心地倾听孩子的内心想法，不仅对他们的身心健康很重要，而且对他们今后养成良好的性格也很重要。实际上，倾听孩子的话是教育孩子最有效的途径，父亲只有耐心地倾听孩子的话，才能看清孩子的内心世界。

学会与孩子交谈的技巧

在日常生活中，父亲跟同龄人或年老的人谈话比较轻松和好理解，但是与孩子聊天的时候，就会发现：要想懂得孩子们的内心世界，那可不是一件容易的事情。

别说跟小孩子了，就连与十几岁的孩子进行沟通，都是十分困难的。实际上，要想流畅地和孩子进行交流，从而破除与孩子之间的隔阂，最好的方法就是：善于聆听孩子的观点。

大家都知道，巴西“怪脚”加林查是人类足球史上享有盛誉的天才。他在很小的时候，就显示出了足球的天赋，并且取得了超人的成绩。虽然他很成功，但在他小的时候，发生过这样一件事：

有一天，小加林查参加了一场激烈的足球比赛。在比赛以后，几个小伙伴都筋疲力尽了，便想通过抽香烟，缓解一下疲劳。小加林查看到大家都抽了，自己也点了一支。不巧的是，他刚点燃就被路过的父亲看到了。

到了晚上，父亲坐在椅子上问他：“你今天抽烟了？”

“是的，爸爸。”加林查低着头，准备接受父亲的训斥。不过父亲并没有训斥他，而是从椅子上站起来，在房间里走了半天才开口说：“孩子，你踢球很有天分！如果你勤学苦练的话，将来一定会有出息的！但是你应该明白，作为一名成功的足球运动员，首先要拥有良好的身体素质，可是你今天却抽烟了。当然了，也许你会说‘我这是第一次，而且我只抽了一根，以后不会抽了’。但是我想对你说：有了第一次就会有第二次，甚至会有第三次。如果你每次抽烟的时候都暗示自己‘只抽一根而已，不会有问题的’。但时间一长，你还是会慢慢上瘾，甚至会影响身体健康。而你想成为一名足球运动员的梦想，可能也会慢慢消失。”

在这个时候，父亲又顿了顿说：“作为父亲，我有责任教育你向好的方向发展，也有责任制止你的不良行为。但是，具体向什么样的方向发展，还得看你自己。”

看儿子不说话，父亲又继续问加林查：“你是愿意在烟雾中损害身体，还是愿意做个有出息的运动员呢？我相信你会自己做出选择的，对吧？”

话刚说完，父亲就从口袋里掏出一沓钞票，放在加林查面前，说：“如果你不愿意踢足球的话，那么这些钱就作为你的抽烟费用吧！”说完，父亲便走了出去。

小加林查仔细回味着父亲说的话，忍不住哭了起来。等他想好了以后，就拿着钞票，来到父亲面前。

“爸爸，我不会抽烟了！以后，我要做个有出息的运动员！”

从此以后，加林查更加努力训练，并且在球坛上成为风云一时的人物，为巴西足球帝国的建立做出了卓越的贡献。

故事中的父亲没有直接批评孩子抽烟，而是用一道选择题让孩子自己做出选择。即便是孩子选择了错误的方向，也会尊重他。在这种交谈的方式中，孩子一步步被父亲牵引着，走向了正确的道路。

美国作家罗恩·塔非尔曾经提出了“平行交谈”，大致的意思就是说：父亲在与孩子交谈的时候，要把谈话的重点放在孩子身上，而不是谈话的内容上，双方也不必互相看着对方。这种面对面的谈话方式不仅会让父亲和孩子都感到轻松，还会让孩子在轻轻松松中学会求知、学会做事、学会做人等。

当然了，在交谈的过程中，父亲还要注意从事情到感情、从事情到关系、从一般到特殊等原则，从而让孩子与父亲之间能有话可谈。

还有一些专家建议，父亲最好能把一些不太中听的话，或者想指责孩子的话写在纸上。家庭关系顾问麦克尔·波普金说过：一般人都认为白纸黑字更加可信，而且可以一看再看。并且，把话写下来，话的分量也会增加一些。

孩子与大人一样，如果父亲能倾听他们说什么，他们会认为自己是重要的，是在别人心目中有价值的，甚至还有被尊重的感觉；反过来，他们也会尊重自己的父亲，愿意与父亲分享自己的想法。

有这样一位父亲：

章先生的儿子正处于青春期，在别人面前有说不完的话，可是在自己面前却不愿多说一句话。为此，他感到十分伤心，不知道如何才能改变这样的现状。

在生活中，我们经常看到这样的父亲，他们因为孩子不愿意与自己沟通交流而感到很失落。在孩子小的时候，他们习惯于以父亲的权威来教育孩子。现在孩子长大了，有了自己的价值观和是非观了，就不会事事都听父亲的话了。慢慢地，亲子之间就有了隔阂。

其实，父亲在与孩子的沟通中，有着一个共同点，就是“说”得太多“听”得太少。在每个家庭中，都有自己固定的沟通模式，这个模式是孩子从小与父亲共同建立起来的。如果在孩子小时候，想要告诉父亲自己内心的想法时，父亲没有用心去听，那么在孩子长大以后，就不愿意主动去和父亲沟通交流了。

要知道，亲子沟通的关键是“倾听”，很多孩子不愿跟父亲说心里所想的，主要原因就在于父亲的“霸道”。每当孩子刚说了个开头，父亲就急着下结论，劈头盖脸一顿教训。时间一长，孩子就会觉得是自讨没趣，从而不愿意多说了。

当然了，父亲还应该明确的一点是：现在的孩子已经不像几十年前的孩子一样孤陋寡闻了。他们接触的东西很多，有自己的主见。

如果父亲能够多一点耐心，能够去倾听孩子的话，那么亲子之间的关系就能够有所改善。为了能够更好地与孩子沟通和交流，父亲要学习以下与孩子交流的技巧和方法。

全身心地投入

在日常生活中，父亲应该走在孩子生理和心理发展的前面，关注孩子的言行举止。一旦发现孩子有苦恼，就要为他排忧解难。如果孩子遇到什么高兴的事情，就要与其一起庆祝。

不断学习，充实自己

在家庭教育中，父亲应该注重自身的修养，树立自己的威信。试想，如果父亲是一个不爱学习，不懂得去提升自己，只顾着自己的喜怒哀乐的人，又怎么可能培养出优秀的孩子呢？因此，为了孩子，父亲应该不断地学习，以提升自己的素质、水平，从而赢得孩子的尊重和爱戴。

多赞美、少批评

相信没有哪个孩子是喜欢批评的，即便是做错了事情以后，也不希望被批评。在这个时候，父亲不要用暴力的语言和行为去批评孩子，而应该帮助孩子分析和解决事情。当孩子做了什么好事或改正了自己的错误时，父亲就应该给孩子多一些赞美，少一些批评。

不要要求孩子十全十美

要知道，世界上没有十全十美的人，不论多么伟大的人都是如此。因此，父亲不要要求孩子十全十美，而要学会欣赏孩子的优点，也要允许孩子有不完美的地方。

营造一种良好的学习环境

如果想让孩子学习好，拥有良好的行为习惯，父亲就应该为孩子营造出一个良好的小环境。当然了，良好的环境不需要多么高档，只要氛围好就可以了。比如：在孩子学习时，父亲不要在一旁闲谈；在孩子学习的时候，尽量少在家中接待客人。除此之外，和睦、稳定的家庭气氛对孩子的学习也很重要，为了孩子的将来，父亲应努力创造这样的家庭气氛。

放下架子，改掉陋习

如果父亲有什么陋习，一定要加以改正，不要去影响孩子。只有父亲放下“架子”，在家庭教育中做到合情合理，孩子也会愿意与父亲沟通。

父亲怎样做才能抓住孩子的心

“孩子怎么还不回家啊！都这么晚了。”“孩子怎么能这么讨厌家呢！”……当孩子游荡在外，回家晚，甚至夜不归宿的时候，父亲便会着急上火，弄不清楚原因。他们想：孩子怎么会变成这样，怎么会与自己之间的距离这么大呢？

实际上，孩子变成今天这个样子，与父亲脱不了干系。孩子的这种情况就是父亲让他们失心了。什么叫失心呢？失心就是父亲与孩子之间没有建立起良好的沟通桥梁，孩子觉得父亲根本不了解自己。慢慢地，父亲和孩子之间就会越来越疏远，而“家”对他们来说，也变得越来越不重要。

慢慢地，孩子就变得不喜欢回家，连心也不在家里了。像这种人在心不在的情况，如果持续下去，就会发生离家出走的行为。因此，父亲应该在孩子还没有“失心”，没有离家之前，就抓住孩子的心，以免亡羊补牢，为时已晚，酿成大错啊！

有这样一个故事：

小健的父亲常年在外地工作，十分忙碌。由于不能够很好地照顾小健，便在他上小学五年级的时候，把他送回了老家。在日常生活中，主要是爷爷奶奶负责照料他的生活起居。每隔几天，父亲就会给家里打个电话，询问孩子的学习和生活情况，了解一下小健的思想状态。可是，小健似乎不愿意和他聊天。

“儿子，你在家里乖不乖啊？有没有听爷爷奶奶的话？想不想爸爸？”刚一接通电话，爸爸便迫不及待地问了这些问题。

“嗯，还好。”小健在电话那头简单地回答。

“儿子，最近学习怎么样了？有没有考试，你的数学成绩有没有进步啊？你们的班主任……”话还没说完，小健就打断了他的话。

“爸爸，你等一会儿，奶奶想跟你说话。”还没等爸爸反应，小健就放下话筒，去喊奶奶接电话了。

见孩子这样的反应，爸爸有些沮丧。虽然他远在外地，但是也很关心孩子的学习和生活情况，也非常想跟孩子多多交流。他觉得只要听到孩子的声音，多从孩子口中了解一些情况，他就心满意足了。可是，孩子的反应让他不知道说些什么好。

实际上，故事中的爸爸很关心孩子，也十分渴望与孩子进行良好的沟通和交流，可没想到孩子却不愿意多与他交谈。其实，问题并不完全出在孩子的身上，绝大部分出在父亲身上。可以看出，爸爸十分想了解孩子的近况，却忽视了孩子的内心感受。要知道，与孩子交流的时候，先要抓住孩子的“心”。如果抓不住孩子的心，孩子肯定不会把自己心中所想告诉父亲的。

就像小健的爸爸在和孩子交谈之初，一张口说的就是孩子的生活状况和学习情况，根本没有在意过孩子的快乐和烦恼，也没有真正让孩子感受到父亲的关怀和爱心。即便是孩子想要交流，也会因为父亲无法解决问题而不想说。实际上，孩子是想和父亲交流的，想要得到父亲的一些指导。可是爸爸总说一些学习的状况，让他很是反感，从而对爸爸封闭了心扉。

为人父亲，都是关心和爱护孩子，他们希望和孩子建立良好的关系。但在生活中，一些父亲在与孩子交谈的时候，经常不能很好地理解孩子的内心感受，自顾自地说话，结果不仅没能达到亲子之间交流的目的，还会让孩子很反感。事实上，在与孩子交谈的过程中，要想取得良好的效果，就要先抓住孩子的心，这对亲子之间的交流十分重要。

要想做到这样，父亲需要注意如下一些方面：

1. 父亲应该走出只关心孩子学习而忽视孩子在其他方面成长的误区，要把注意力放在孩子的全面发展上，并且给予孩子一些鼓励和支持，帮助孩子更好地成长。

2. 父亲应该设身处地地考虑一下孩子的内心感受，多多了解孩子内心深处的真实想法，尽量在交谈中说一些孩子真正感兴趣的事情，这样才能引起孩子的注意力，从而把心交出来。

3. 多给孩子灌输一些正面的引导，多让孩子明白父亲是站在自己这边的。比如："我理解你现在的心情""我知道你现在很恼火，但要知道父亲在你身边""我们会一直支持你"之类的语言。

有这样一个故事：

爸爸是一家医院的主治医生，平时工作十分忙碌，总是抽不出时间来陪伴孩子，可一有时间，他就会跟孩子谈谈心。

有一次，爸爸见儿子的情绪有些低落，便问："儿子，怎么了？你今天看起来好像不太高兴啊。"

儿子瘪着嘴说："没什么，英语考级成绩出来了，这次考得很差。"

"啊？怎么会这样呢！英语不一直是你的强项吗？你上次还考了全班第一呢！是不是最近遇到了什么困难啊？"

接着，儿子就把自己的困扰说了出来，而爸爸也针对他的烦恼给出了自己的意见。在爸爸的帮助和引导下，儿子的学习成绩也提高了一些。

从这个小故事中，我们发现：会"说话"的父亲才能够抓住孩子的心；只有抓住孩子的心，才能够很好地与孩子进行交流。

为什么孩子总是说个不停

在日常生活中，有的孩子的性格是沉默寡言的；有的孩子是个性开朗的；有的孩子就像是个话唠一样，整天说个没完；还有的孩子像个"人来疯"，越是在人多的地方，他的话就越多。

有些父亲认为，话唠、人来疯的孩子比较聪明，能说是好事，说明孩子思维活跃、反应迅速，但事实却不是这样的。

有这样一个故事：

4 岁的女儿是一个天性活泼的孩子，整天都有说不完的话。周围的人和亲戚都夸赞女孩比较聪明，比较讨人喜欢，父亲也感到很高兴。

一天，这位年轻的父亲带着女儿找到了幼儿专家，准备对女儿进行“幼儿发展评价”。可结果却让父亲大吃了一惊，因为女儿的语言能力评价竟然是“一般”。

为此，父亲百思不得其解。当时，专家问了孩子一个小问题：“你哪一天过生日？”可没想到女儿不仅说出了自己的生日，还说到了姐姐的生日、爸爸的生日、妈妈的生日，接着又描述了生日时收到的礼物和吃蛋糕的场景。她滔滔不绝地说了很多，常常是想到哪说到哪，先说到自己过生日的时候，家里来了几个小朋友，然后又说收到了一些礼物……

教育专家说：虽然女孩说了很多的话，思维跨度很大，但是她欠缺条理性和逻辑性。如果不对此加以纠正和改善的话，那么等孩子长大以后，也会说话缺乏中心主题、逻辑条理，让人听了抓不住头绪，还会有理解困难的情况发生。这种情况不仅影响到生活，还会影响到学习，比如：写作文。如果在写作文的时候跑题，那分数自然就会低了。

为了帮助孩子改正这些问题，父亲应该这样做：

帮孩子理清说话的条理

对于话比较多，但欠缺条理的孩子，父亲应该多加引导，让孩子规范自己的语言表达，避免造成一些不必要的重复。在日常生活中，父亲可以让孩子多写日记，多讲故事。这样的做法，可以训练孩子表达的逻辑性。

如果孩子喜欢用穿插的形式来讲一件事情，父亲就要跟孩子讲明白：在说话的时候，要把一件事情说完，再讲另一件事情。除此之外，父亲还可以配合孩子的讲话内容，并加以引导，让她能够坚持把一件事情说完。

在生活中，虽然有些人喜欢爱说话的孩子，因为他们会认为这是孩子性格好。但如果是一直说的话匣子，人们也会感到厌烦。

给多话的孩子找个情绪出口

孩子说那么多的话有两个原因：一是想引起大家的注意和关心；二是为了表达自己的一种表现欲。在这个时候，父亲就要改正孩子多话的习惯——给孩子找一个情绪的出口了。

在家庭教育中，父亲可以多鼓励孩子有一些自己的兴趣，并且鼓励他和其他人一起进行活动。比如：书画、手工或者棋牌类游戏，从而转移孩子的注意力，让他减少说话和多话的机会。与此同时，还能够锻炼孩子的头脑，培养他们的才艺。

除此之外，父亲也可以因势利导，帮助多话的孩子找到适合自己发挥“多话”特性的舞台，比如：让孩子多参加一些学校的辩论会、话剧社团等，从而加强孩子的语言组织能力和思考能力，还能让孩子获得更多的听众，找到自信。

教孩子懂得沉默的智慧

作为父亲，更应该教会孩子适时沉默的智慧，要让孩子明白：没有人会喜欢一个整天喋喋不休并且高调张扬的人。父亲要让孩子知道，内敛低调是一种优雅气质的体现，只有懂得聆听他人的人才会更受欢迎。

身体语言比口头语言更重要

在家庭教育中，父亲和孩子之间的肢体语言也是一种良好的沟通。父亲的肢体语言，比如表情、口气以及交谈时的动作都是传达感情的方式。

教育学家、心理学家经过调查研究后发现：在人际交往中，身体语言能比口头语言传递更多的信息。在日常生活中，用语言所传达的信息不会超过所有信息的 30%，而剩下 70% 的信息是通过非语言的方式进行表达的。特别是在与年幼的孩子沟通时，这种比重相差会更加悬殊。在孩子的语言能力没有成熟之前，父亲与孩子交流的时候，非语言的表达方式占到了 97% 的比重。

实际上，孩子对于父亲表情的敏感程度，远远超过了父亲的想象。心理学家曾经做过这样一个实验：让人面无表情地看着约 6 个月大正在笑的孩子，没一会儿工夫，孩子就不再笑了。当其离开后，再次回到这个孩子的身边时，孩子根本就不看，还故意不理会。也就是说，面无表情或郁郁寡欢的父亲很容易伤害到孩子的心。虽然孩子很年幼，但是他却能清晰地从大人的表情和动作上感觉到大人的态度。

对于那些年纪稍大一点的孩子就更不用说了，他们更善于观测和捕捉父亲的表情。因此，在与孩子的交往和沟通中，父亲不仅要留意身体所传达的语言信息，还要学会如何读懂孩子的身体语言。

比如：一个 5 岁左右的孩子撒了谎，对父亲说：“窗帘不是我弄脏的。”当说完以后，他会立刻用一只手或双手捂住自己的嘴巴；如果他们不想听到父亲的唠叨，他们会用手捂住自己的耳朵；如果他们看到了一些可怕的东西，他们就会立即捂住自己的眼睛。即便是他们长大了，这些身体语言依旧会存在，不会消失。当然，长大后他们的身体语言不会那样明显，也不会那么容易被别人识别。在教育孩子的过程中，父亲可以适当地运用肢体语言，这样就可以强化口头语言的使用效果。

对于那些年纪偏小的孩子来说，父亲的肢体语言不仅可以使他们得到一些安慰，还会让他们有一种寄托感，比如：一个温暖的拥抱、一个鼓励的眼神，都会使他们觉得很温馨。

因此，在日常生活中，父亲可以利用肢体语言缓解孩子的心情。比如：当孩子想爸爸了或者被别的小朋友欺负的时候，父亲可以把孩子搂在怀里，脸贴着脸，并缓缓地拍着孩子的背部。当然了，父亲还可以轻轻地说些安慰话。这样的话，孩子的心情就会平静一些。

在与孩子谈话、沟通的时候，父亲最好蹲着，与孩子平视。当孩子说话不着边际的时候，父亲要微笑着等他说完，然后再发表自己的见解。在发表见解的时候，父亲还可以伴随一些手势和面部表情，让孩子觉得自己像大人一样被尊重；在与孩子玩游戏的时候，他们可能会调皮一点，还会故意耍赖。在这个时候，父亲可以刮他们的鼻子，或者摸摸他们的头，亲亲他们……这样的话，孩子们就会感到很开心。

除了正常的语言交流外，父亲要在适当的时候给予孩子一个拥抱或者轻轻的吻，这些都可以很好地激发孩子的积极性，让他们体会到父亲的温暖。当调皮捣蛋的孩子犯了错的时候，也许父亲的一个严厉的眼神，比责骂更有效果。

也可以说，父亲的一颦一笑，甚至一句话的不同口气，都在向孩子表达自己的感情。在日常生活中，父亲要适当地运用肢体语言，多给予孩子一些关爱，父亲也会在教育中多收获一些欢乐。

在家庭教育中，父亲要注意的是：如果想和孩子交流、沟通的话，就不要用不耐烦的语气和表情来对待孩子。要知道，父亲的不耐烦，不但听不到孩子的真心话，还会引起孩子的反感和抵抗；当孩子犯了错的时候，父亲不要对孩子大吼大叫，这样会使孩子感到害怕。就算孩子认识到了自己的错误，想要改正，也会因为害怕而忘记或不敢去改正。

总而言之，在任何时候，孩子更愿意相信父亲的表情和肢体动作，而不是父亲所说的话。因此，父亲不要吝啬自己的肢体语言，用肢体语言给孩子一份特别的鼓励和关爱吧！

和孩子闲谈家常、诉说心事

根据一项调查结果，我们知道了这样一个结论：平均每天能与爸爸相处两个小时以上的孩子，要比其他孩子的智商高。针对这项调查结果，很多实例和科学研究人员也做了相似的调查，事实证明这个说法是正确的。

不过，随着职场父亲的增多，大多数孩子都习惯了“在家孤独”“宅孩”的感受和生活。大部分父亲认为：只要给孩子吃好的、穿好的、用好的，孩子就会觉得很幸福；他们还认为，只要孩子能够坐在明亮的教室里接受高等教育，那就是幸福……

其实不然，一位职场父亲在总结育儿经验的时候，说了这样一番话：职场父亲一定要多挤点时间陪陪孩子！你可以把孩子交给保姆，交给老人，但是保姆和老人能代替父亲吗？当然不能！因此，职场父亲不要以忙为借口把孩子推给保姆、老人，而要多和孩子聊天，多沟通。

的确，现在的一些年轻父亲把全部精力都放在了事业上，忽略了孩子的家庭教育。他们认为给孩子创造了良好的物质条件，就足够了。在这种忽视孩子情感需求的教育中，孩子又怎么能和父亲谈心、沟通呢？等到孩子长大了，父亲也有时间了，可是亲子之间还是有隔阂，不想说话。

实际上，要想让孩子感到幸福，父亲绝不仅仅是提供物质上的满足，而是在提供物质满足的同时要与孩子在精神上有很好的沟通。比如：每天抽出一定的时间陪陪孩子；在周末的时候，带孩子出去玩；找一个时间，与孩子进行亲子活动等。

只有这样，孩子们才想说出自己内心的感受，想和父亲共同探讨，并且寻求父亲的建议和答案。不过，在沟通中，如果不能掌握一定的技巧，沟通也起不到什么作用。

在生活中，大多数父亲都会遇到类似的情形：有时，父亲拖着疲惫的身体，努力地打起精神，想要和孩子好好沟通，但孩子要么没什么话说，要么就用“代沟”“没什么”之类的话语打消父亲想要交谈的念头。

有的时候，还因为无法正常沟通，让自己有了一肚子气。慢慢地，父亲越来越不了解孩子，越来越不知道该如何教育孩子。因此，做父亲的要学会与孩子交谈的技巧。下面，教育专家总结出了几点，以供父亲参考：

父亲要理解孩子

在家庭生活中，父亲要多与孩子谈谈心，交流交流思想。这样，不仅可以及时了解孩子的思想状况，还能把握孩子的心理。与此同时，还能够让孩子理解到父亲对自己的关心和爱护。

要知道，这种方式不仅能够增进孩子与父亲之间的感情，使孩子对父亲产生一种信任感，也有利于孩子的健康成长。因此，父亲要尽量抽出时间来和孩子一起玩，即便再忙，也应该找出一些空闲的时间陪伴孩子。比如：和孩子一起看电视；一起骑车到某处游玩，从而培养朋友般的“友谊”。如果孩子把父亲当作自己的朋友，那么就非常乐意将心里话讲给父亲听。

父亲要紧跟时代潮流，随时更新自己的思想

随着社会的迅速发展，人的思想也会发生不同的转变，比如孩子比较年幼，接受新鲜事物速度很快，父亲一定要紧跟时代潮流，随时更新自己的思想。只有这样，才能够与孩子在思想和行动上相接近，不至于产生无法衡量的距离。

在日常生活中，父亲应该主动与孩子交流，比如：当前流行的一些物品、观点主张等，并且主动了解一些孩子身边发生的事情，学习孩子感兴趣的东西。这样的话，父亲和孩子在一起的时候，才会有共同语言和谈话内容，从而有效地避免两代人之间无话可谈的情况，以免影响亲子之间的关系。

学会启动讲话

当孩子回到家中，面露不悦的时候，父亲就应该关心一下孩子的动态，并且抓住机会对孩子好好教育。不过有的时候，父亲总会很粗暴或不停纠缠，比如:“你怎么了？”“没事？没事为什么一脸的不高兴？”“有人欺负你了？”

其实，像这样的语言不仅不会打开孩子的话匣子，还会让孩子感到反感或厌烦。在这个时候，父亲不如说:“下课时，你一般和谁玩？”“最近的美工课，你们做了哪些东西？”“听说别的学校组织活动了，你们学校呢？”“现在很流行 ×××，你们学校也有吗？”……像这样的问题，比较容易引孩子打开话匣子。当然了，如果孩子不愿意马上回答，父亲也不要逼迫，而要告诉孩子“好吧，什么时候告诉我都行”。

对于那些生性比较内向的孩子，父亲需要更长时间的启发，才能够引起他的共鸣。比如：给孩子讲一些故事或者搂着他静静地坐着。最终，孩子就会受不了父亲的糖衣炮弹，从而说出自己的想法。

避免粗暴尖刻的言语

在现实生活中，有很多父亲在不经意之间就伤害了孩子的自尊，比如:“你真是个没出息的东西。”“你看看邻居的孩子，学习多好啊！你怎么就这么笨呢？”“你真笨，连这样简单的问题都不会。”“我怎么生出了你这样的孩子呢！”

类似于这样的语言，不仅不会激励孩子，还会严重挫伤孩子的自尊、自信。最可怕的是，孩子的心理创伤会伴随孩子的一生。严重的话，孩子还会痛恨父亲的尖酸刻薄。

与孩子闲谈家常、诉说心事

对于那些比较内向的孩子，父亲要学会启动讲话，主动与其谈话。比如：聊聊晚上要吃的饭菜；与孩子玩家庭中的游戏等。这样可以让孩子放松警惕，说出自己的想法和意愿。

总而言之，想要让孩子多说话，父亲首先要多说话，这样才能引导和启发孩子多说话。

巧妙解答孩子的疑问

在日常生活中，孩子们总会问一些稀奇古怪或者令父亲答不上来的问题。有时，孩子们还会问一些敏感性的问题。这让父亲很是头疼和尴尬，也因此，有的父亲不会直接回答孩子的问题，有的父亲甚至采取回避的方式。

面对父亲的躲躲闪闪和转移话题，孩子们又会觉得很奇怪或者自己去寻找答案，从而闹出不少笑话。实际上，如果孩子们有什么疑问，父亲要尽量回答孩子，大方地、大胆地回答。这样，孩子不仅会懂得某些方面的知识，还会变得性格坦然。

展展很纳闷，每次看见大人“啵啵”的电视镜头时，妈妈都会很快速地调频道。这是为什么呢？展展郁闷极了，于是勇敢地去问爸爸：“爸爸，为什么我不能看那部电影？”

爸爸皱了一下眉头，让展展坐下来，很诚实地对展展说：

“不同的年纪要看的影片就会有所不同，这是电影审查机关制定的，作为观看者和一个良好的公民应该遵守这个规则。比如，现在展展喜欢看的动画片，我们大人就几乎不看，这是一样的道理。展展昨天选的《绿巨人》的电影，爸爸虽然不看，但是也鼓励展展观看，以后有适合你年龄阶段的电影，爸爸也会同样推荐给你的。”

年幼的孩子能说出诸如结婚、接吻一类的词，但并不真正理解意味着什么。当他们目睹电视上的情爱场面时，或许能朦胧地觉得那是表示友好，但不明白为什么。如果孩子有这样的疑问，他当然希望得到坦诚的回答。我们最好对孩子说：“只有彼此相爱的大人们才可以这样做，孩子是不能模仿的。”让他明白这是成人的行为。

在日常生活中，有的父亲习惯说脏话，慢慢地孩子也学会了说脏话。当孩子说脏话的时候，父亲又批评孩子。这时候，孩子们就会委屈地说：“为什么你能说脏话，我就不能说？”对于稍大一些的孩子来说，或许他们能理解说脏话的原因。但此时，父亲也要告诉孩子：说脏话，只会引起别人的反感。并告诉孩子：会和孩子一起改正这个错误，欢迎孩子监督。

鑫宝的爸爸要求他做一个讲文明、不说脏话的孩子，而鑫宝发现，爸爸一直都在说脏话，于是他问爸爸：“为什么你能说脏话，我却不能？”

爸爸很惊讶孩子会如此发问，但是同时又看到孩子这个问题的重要性，于是向孩子承认了错误，“说脏话是不好的习惯，是爸爸不对，以后爸爸会改的。所以，你也不能说脏话哦。如果下次你发现爸爸说脏话，爸爸自愿罚款一元，欢迎你监督……”

于是，鑫宝的家里有了个不成文的规定，谁说了脏话，罚款一元，主动承认错误并交罚款。而鑫宝兴致勃勃地承担了对说脏话者进行监督和罚款的美差。

这天，鑫宝正看着电视里的武打片，爸爸眉开眼笑地说着其他事情，说兴正浓，一不小心就蹦出句脏话——“老子”。鑫宝马上发现了，很欣然地执行了他的监督任务。

在很多父亲看来，孩子们的问题也许很无聊，小孩却会一而再再而三地提出质疑。一位父亲说：“又要工作又要应酬，有时候又得与老师沟通。当下班回来时，听见小孩问一些无谓的问题，会觉得很烦。”

相信有同感的父亲也不少。然而，不管什么时候，父亲都应尽量当小孩的最佳听众，对于小孩提出的问题，要诚心诚意地回答。如果不给孩子创造问问题的机会，恐怕他的问题就会逐渐减少。而其中最大的原因是得不到满意的答案、被拒回答、受责骂等。此外，如果他感受不到对方的真诚，态度也会有 180 度的转变，成为不爱开口的小孩。如果父亲巧妙解答了孩子的问题，孩子就会明白了，并且不会再问这样的问题。

那么，父亲怎样才能巧妙地回答孩子提出的各种问题？

1. 对年幼的孩子要用拟人化、童话的方式。

2. 当孩子们问父亲问题的时候，父亲最好诚实地、直面地回答，不要闪闪躲躲，这样只会让孩子生出更多的疑问：为什么爸爸妈妈不告诉我呢？那我去问别人吧！接着，更多问题就会接踵而来。

3. 如果孩子发问，最好能当场立刻回答。这对于孩子而言，可使其学习欲高涨，而且能充分理解。如果父亲实在答不出来，可以说：“爸爸现在不知道怎么回答你，等我去问问别人之后再来告诉你，好不好？”

父亲与孩子约定之后就一定要遵守。即使孩子忘记了，你也应该去问问其他人或翻阅书籍，然后告诉孩子正确答案。

第十章

莫做“非爱行为”：不要以爱强迫孩子

“翅膀硬了就想飞”的孩子有志向

“怎么？翅膀硬了是不是？”在日常生活中，我们经常会听到父亲这样说孩子。他们认为孩子长大了，翅膀硬了，就不听父亲的话了。

但实际上，孩子的“翅膀硬了就想飞”是一种志向。试想，一个总是对父亲言听计从、没有任何主见的孩子，将来会有什么出息呢？

有这样一个故事：

鹏鹏的父亲是一名物理老师，母亲是公务员。在家庭的管教和熏陶下，鹏鹏的成绩一直在班里名列前茅。

2012 年 6 月，是鹏鹏参加高考的日子，也是一家人心惊胆战的日子。很快，高考分数出来了，鹏鹏考了 604 分，超出重点线 50 多分。当时，鹏鹏面临着人生第一道选择题，就是填报志愿：他想选南京理工大学的汽修专业，但父亲却认为国际贸易专业比较好。

为此，两人大吵一架。

未经世事的鹏鹏一直想为理想奋斗，但父亲却说他是：翅膀硬了，不听话了……

最终，在各种“压力”下，鹏鹏遵循了父亲的意思，报考了外地一所大学的国际贸易专业。

开学后，鹏鹏一直对自己的专业不是很热情，甚至感到很吃力。其实，他完全不懂国际贸易专业是干什么的，就连教了几十年高中物理的父亲也不是很明白……

慢慢地，鹏鹏的精神压力大了，心态也不那么端正了。国际贸易专业和自己的初衷差得太远了，这真是一件痛苦的事。他也试图努力过，但依然不见好。每学期十几门功课都要挂掉一半，他的自信开始慢慢垮掉，他开始怀疑自己。

大学二年级时，鹏鹏想要退学，就与家人商量，但脾气一向火爆的父亲一听便破口大骂：“翅膀硬了，连老子的话也不听了……真是长大了能够飞了！”

一见父亲这样，鹏鹏只好作罢。但上有政策下有对策，鹏鹏还是瞒着父亲偷偷换了专业。换了专业后，鹏鹏的成绩噌噌往上涨，精神头儿也好了。

领学位证，拍照片时，父亲才知道儿子偷换了专业，真是有主意了，翅膀硬了。但生米已经煮成熟饭了，也不能再说些什么。

最终，儿子进入一家外企，并在两年后自己创业，开了一家汽车维修公司，光员工就有四五十人。这下子，教物理的父亲才乐开了花：“真是翅膀硬了……”

其实，像鹏鹏这种在填报志愿时听取父母意见的孩子有很多。有的孩子选择默默承受，默默念完所有课程，成为一个普通人，找工作，赚钱，结婚，生子，这才算是满足了父亲的愿望。而有的人，就像鹏鹏这样，虽然瞒着父母，证明自己“翅膀硬了”，但也为自己的人生画上了一个圆满的句号。

当然了，在遇到这种情况时，最好还是和父亲好好商量，不要伤了父亲的心。毕竟，父亲所做的一切都是为了孩子。如果能够让父亲知道自己的志向所在，并且能够很好地完成，那也是一件好事啊！

一个没有志向的人，必然是一个目光短浅、胸无大志、无所作为、一生平庸的人。相反，一个有远大理想和抱负的人，必定是一个有想法、敢于追求的人。现在许多孩子不知道自己为什么学习，也不知道学习是为了什么。如果学习仅仅是为了考高分，在大榜上排名次，最后考个名牌大学那只是一种虚荣的满足，它的动力太弱了。这种孩子即使考上了大学，也多半是高校里的庸才。

所以说，父亲应该从小培养孩子树立远大的理想和抱负，这对于孩子的成长非常重要。同样的道理，父亲不要拿着“翅膀硬了，不听话”之类的语言来批评孩子，而应该庆幸孩子是一个有志向的人。

别把孩子的志向“圈”起来

一年一度的儿童节即将来临，作为这个节日主角的孩子们有何梦想？有什么志向？针对这项任务，记者来到了当地的几所小学，进行了一番调查。接受调查的孩子，年龄普遍在 11 ~ 12 岁。

调查结果显示：在 95 个接受调查的孩子中，有 94 个孩子明确表达了自己的梦想。其中，梦想当老师的有 18 个孩子；梦想当老板的有 11 个孩子；梦想当作家的有 10 个孩子；梦想当科学家、歌唱家的有 9

个孩子；梦想当军人、公务员的有 7 个孩子。另外，有 3 个孩子选择当工程师；2 个孩子选择当演员；2 个孩子选择当探险家；还有一些选择当记者、飞行员、钢琴家……

最令人意想不到的是，有个孩子说自己没有梦想。当问其原因的时候，他说："社会压力大，谁也说不准以后会怎样，还是随遇而安的好。"

心理研究人员、教育学家说：梦想是对未来的憧憬与向往。对于 11~12 岁的孩子来说，"老师梦"位居第一位并不奇怪，因为老师是他们这个年龄段对他们影响最大的人。不过，小小年纪就想着当老板、当公务员等，就显得没有那么"单纯"了，这折射出了"钱与权"在现实生活中的地位和作用。

学校的一位老师说："每个孩子都是一张白纸。他们之所以会有着不一样的选择，主要是受到家庭和社会的影响。"

在中国人的观念中，职业是有贵贱的，他们会把坐在办公室里的白领看得很高，而把一些建筑工人等看得很低，但其实，白领所拿的工资还不如建筑工人高呢！在国外，工作是没有高低贵贱之分的，只要人能有一技之长，能够养活自己，就能受人尊敬。在这一点上，很值得中国人学习。

一个人只有有了志向，才会有生活的目标和激情，才会有活下去的勇气和对生活的信心，从而把自己的人生过得有滋有味。在家庭教育中，父亲也要注意对孩子志向的培养。在孩子还年幼的时候，父亲就要给孩子传递出一种"行行出状元"的价值取向，不要干扰孩子的志向选择。要知道，对年幼的孩子来说，父亲和周围人对自己的教育是什么，他就会接受什么。因此，父亲要给予孩子一些自由的创造性。

有这样一个故事：

女孩活泼可爱，总爱捣鼓一些东西，简直就像个男孩。一天，爸爸带着女儿去公园玩。公园里有一个儿童游乐场，里面有一个“沙画”摊。所谓的“沙画”，就是给孩子一个模板，上面已经有画好的小猫、小狗、白雪公主等好看而简单的卡通画。在那个小摊上，有准备好的彩色沙子等。孩子们需要做的就是，按规定的颜色把相应的沙子填补到里面去。

当爸爸看见可爱的孩子趴在小小的桌子上，认真地填沙子的时候，心里一阵难受，赶紧抱走女儿，免得她看见了，央求也去玩沙画。

的确，故事中与其说是感受“沙画”，不如说是一次填色游戏，小孩子们就像完成一项任务，一项有着条条框框的任务。在玩沙画的过程中，孩子们只是为了追求与范画一模一样的效果，虽然这简单的训练也能锻炼孩子手眼的协调能力和耐心，但整个过程却带给了孩子一些负面的影响。比如：缺乏想象力、创造力，从而影响孩子对志向的追求。

也就是说，这种活动不能称为绘画。因为沙画并没有任何创造性，也没有自由的想象。如果让孩子在预先设定好的模子里填上颜料，那就算是画上百幅画，也不能培养孩子的任何艺术素养。

随着时间的变化，孩子会在这种“条条框框”中变得小心翼翼，变得谨慎，变得不会去树立自己的志向，而变得像一开始所说的那个孩子一样——没有志向，随遇而安，顺其自然。

就以画画来说，绘画应该是孩子们表达内心世界的一种方式。年幼的他们天真烂漫、自由无羁，正是发挥想象力和创造力的时候。而这种事先弄好的东西，只会将孩子的思维束缚起来，甚至会折断孩子想象的翅膀。这种培养和学习的方式，并不是培养艺术家的好方式！

现如今，人们纷纷跌入商业大潮，他们利用一切手段，变废为宝，变腐朽为神奇。他们的腰包变鼓了，他们高兴了，可是在他们这样的赚钱方式下，却少了些责任感。

在日常生活中，到处都是不负责任的倾销！不仅仅是公园里的沙画，商场里的填写画，还有书店里成堆成摞的儿童填色书！

殊不知，这些东西对孩子的想象力和创造力是一种束缚和伤害。在这个时候，父亲有没有想过：如果孩子沉浸在这种“圈圈”里填涂颜色，一旦离开这些模式化形象，那孩子还知道如何下笔吗？

要知道，孩子们是最单纯的，他们的模仿能力特别强。除此之外，他们喜欢五彩缤纷的世界，他们需要表达和创造。于是，他们就会去摸索，去尝试。如果总是做填色画、沙画，就好像是孙悟空头上戴的紧箍咒一样。戴上的时候容易，想要摘下来那就难了。慢慢地，当孩子面对一张空白的纸的时候，就会变得束手无策，这不仅失去了自己真实的表达，也失去了自己的创造性、想象力和自信心，并变得没有志向了。

在日常生活中，还有些父亲会把孩子填充的“沙画”挂在家里，逢人便说孩子有绘画才能。在这样的表扬中，孩子真的会把绘画当成自己的志向，从而慢慢实现吗？相信这样的概率很低。

还有一些父亲是从商的，从小就给孩子灌输一些金钱至上的理念；有些父亲是书香门第，从小就给孩子灌输让孩子做老师、做文学家等文艺方面工作的思想；有些父亲是公务员，在孩子还年幼的时候，就给孩子灌输一些“公务员有保障，是铁饭碗，吃国家饭”等观念；还有一些父亲因为自己没能实现自己的愿望，便将愿望施加在孩子身上，并让孩子为其奋斗……

实际上，这种做法不仅对孩子没有任何帮助，还会把孩子的志向“圈”起来。要知道，被“圈”起来的孩子，就像是被关在鸟笼里的小鸟，飞不出去，见识不到外面的世界。因此，父亲应该给予孩子一些自由，让孩子自由选择自己的志向，并鼓励他。如果孩子没有什么志向的话，父亲还应该在一旁引导，直到孩子找到自己的志向。

让孩子了解自己选择的大学

在填报高考志愿的前夕，最让父亲和孩子头疼的问题，就是如何选择大学，选择什么专业。要知道，如果选择的学校或专业不合适的话，就会影响孩子的一生。

在选择专业的时候，父亲不要按照自己的意愿去帮助孩子选择，也不要强制孩子必须选择哪个大学，而应该把选择权交给孩子，让孩子根据自身的条件和学习状况去选择。当然了，在选择的时候，父亲一定要给予一些参考意见。在参考意见中，需要明确的就是，上大学的目的和所选择院校的一些情况。

然后，父亲要引导孩子了解上大学的目的，一般来说，有以下几种：上大学是探索知识，充实自己，造福社会；上大学是为了改变自身处境，谋求好的社会地位；上大学是为了满足父亲的期望，而不是知识与能力本身；上大学是为了什么从未认真想过。

如果属于“上大学是探索知识，充实自己，造福社会”，那么就应该选择一些基础学科，以便于向更高层次冲刺。

如果属于“为了改变自身处境，谋求好的社会地位”，那么就可以考虑选择一些现在的所谓“热门”专业。

如果属于“上大学是为了满足父亲的期望”“从未认真想过”，那在选择之前，要想一想自己从小到大最感兴趣的是什么，可以将其分分类。

美国哈佛大学心理教授霍华德·加德纳通过研究，认为人的智力可分为八种类型：语言智力、数理智力、音乐智力、空间智力、运动智力、人际关系智力、自我认知智力和自然观察者智力。因此，在选择学校的时候，可以通过这几个方面来选择。

在了解上大学的目的之后，父亲就应该让孩子们来了解一些关于报考院校的知识了：

了解学校和专业的实力

北京大学孙东东教授将高校分为综合性大学（名牌综合大学）、以工科为主的综合性大学、准综合大学（多科性综合大学）、师范类院校和专业院校五种类型，这对于帮助家长在填报志愿时从总体上把握和认识高校是很有实际意义的。

按照教育部公布的高等院校本科专业目录，高校共分为理工类和文史类两个大类，11 个学科门类，71 个类别，250 多个专业。

理工类（4 个学科门类）：理学、工学、农学、医学。

文史类（7 个学科门类）：文学、历史学、哲学、管理学、经济学、法学、教育学。

理工类中的“工学”包括 21 个类别：地矿类、材料类、机械类、仪器仪表类、能源动力类、电气信息类、土建类、水利类、测绘类、环境安全类、化工与制药类、交通运输类、海洋工程类、轻工纺织食品类、航空航天类、武器类、工程力学类、生物工程类、农业工程类、林业工程类、公安技术类。

其中“电气信息类”包括 7 个专业：电气工程及其自动化、自动化、电子信息工程、通信工程、计算机科学与技术、电子科学与技术、生物医学工程。

学校实力：我们从《挑大学选专业》这类书中可以了解全国高校的大排名。这是根据各高校的教授、院士、硕士点、博士点、科研成果、科技论文、仪器设备、图书等评分排定的，能大体反映高校的办学实力，但不尽科学和完善，社会各界对此议论也较多。

我们不仅要从总体上认识高校的大体排名，还要了解下列情况在排名中的特殊性：高校合并规模越大排名越靠前；有医学院的大学排名靠前，理工科院校排名靠前。

专业实力：市面上的很多资料都有对全国高校专业的大排名。这只能作为大体的参考依据。要注意，校内新开专业、弱势专业尽量不要报考。如想学中文专业应报首都师范大学，而不要报北京理工大学。想学生物工程专业应报中国农业大学，而不要报北京航空航天大学。想学国际经贸、金融学专业应报中南财经政法大学，而不要报中国农业大学。

在此基础上，还要关注欲报大学及其相关院系和专业的师资状况，查阅该校有多少个教授、副教授、博士点、硕士点。

研究专业内涵

不要从专业名称望文生义，最重要的是要看专业的内涵，该专业包含哪些学科，设置哪些课程（课程群），这才是决定将来从事行业和继续深造发展的核心因素。

同一类别专业的课程设置相差并不大，如电子信息科学与技术、电子信息工程、通信工程、自动化、计算机科学与技术、电子科学与技术、生物医学工程、测控技术与仪器等专业的 2/3 课程都是相同或差不多的。

在继续深造和就业时，化工、应用化学、制药、药学专业都是没有多少差别的。

辩证处理学校与专业的关系

总原则：选择什么层次的学校由考生的高考实力来确定，选择什么方向的专业由考生的兴趣、爱好、特长、志向来确定。

具体考量时，要对以下 3 个方面有正确、科学的了解和分析：

1. 学校和专业对成才的意义是倒图钉型的（图钉朝上放置）。学生在综合大学里受到的综合素质培养和熏陶多，视野宽，见识广。学生在专业院校中得到的专业训练强，综合素质养成稍弱。在中国人民大学学法学专业和在中国政法大学学法学专业便属此类情形。

2. 专业的选取上思路要宽，不能死盯一个专业，至少应该选择两三个类别或方向。学中文、法律、新闻专业的都可以当编辑、记者。一个学生可能在理科方面喜欢电子、通信，在文科方面对法律有兴趣，在管理方面对工商管理有天赋，这样的情况并不少见，家长要注意细心发现、科学启发和引导。

此外，现在专业模糊已成趋势，越来越多的学校实行按院系招生，宽口径，厚基础，在大一、大二学完基础课后再分专业。如北京大学按理科试验班类、数学类、物理类、化学类、经济学类、工商管理类、公共管理类招生。同济大学按经济学类、生物科学类、电子信息类、环境科学类、机械类招生。

3. 不同层次实力的考生在学校与专业的选择权衡上可以有所不同和侧重。

学习成绩优秀、在市重点中学年级排名前列的学生，有条件优先考虑学校。应首选以理科、文科为主的名牌综合大学，在此前提下选择自己相对喜欢的专业，这有利于综合素质的培养。

学习成绩中等或中等偏上的学生，可以兼顾学校和专业，选择工科性综合大学和多科性综合大学。

学习成绩相对较差的学生，可以考虑选择一个地理位置“不太好”、名气不太大的学校的中意专业，即优先考虑专业。

淡化“热门”“冷门”观念

长线专业是长期需求的专业，就业和深造的适应面宽，“可持续发展性”强，不会出现短时异常过“热”现象。长线专业多属传统理科、工科、人文学科：数学、物理学、生物学、医学、文学、机械、自动化、化工等。建议那些今后打算深造的优秀学生在大学本科选择注重基础的长线专业。

短线专业是短期需求的专业，多属操作性学科，人才适应面比较窄，用人有较大限制；时限性很强，受政策影响大（国家一旦调整某个经济领域，其相关专业的人才就业就受到影响），持续“高热”的时间很短，可能突然出现降温变“冷”。如计算机、贸易、金融、管理、法律等。

专业冷热现象是变化的。农、林、水、师前几年冷，现在不冷。财经类前几年热，现在就业比较困难。

就业率不是志愿选报的重要标尺，不要把每年公布的人才需求热门行业当作选择专业的依据。

鼓励上外地院校

北京市现在高考录取率为75%~80%，如果只在北京上大学，录取率只有60%左右。

在京招生的外地院校多数为部委院校，师资力量很强。但在北京竞争名牌大学实力不足时，不但分数低，每年还有降分录取的可能。而北京高校，即使是一些历史不长、教学科研水平欠佳的院校也是门庭若市。

北京考生往外地迈出一步，就会有很多选择。建议理科成绩中等、文科成绩中等偏上的学生，可以多考虑外地院校。因为北京高校中缺少类似南京大学、复旦大学这种档次的学校。

北京考生在京城长大，走出去既可以见世面，又可以锻炼独立生活的能力。要相信孩子有能力走出去闯世界，这是人生非常重要的一步，也是必不可少的一步。早走出去比晚走出去好。上大学不走出去，毕业了奔事业总不能只限制在北京吧，到外地上大学也是为出国做准备。

根据实际情况选学校或专业

本着知己知彼、分流报考的原则，有如下具体建议：

学习成绩优秀，在省级重点中学年级排名前列的同学，应首选以理科、文科为主的名牌综合大学，在此前提下选择自己相对喜欢的专业，这有利于综合素质的培养。

成绩中等的同学，也应首选学校、兼顾专业，特别应选择一些地理位置相对“不好”的名牌学校，这样可选择的余地会变得更宽广、竞争压力相对会更小些，同时也有益于今后的发展。

学习成绩相对较差的同学，可以根据自己的实际情况进行取舍。要考虑好自己是想毕业后找个好的工作还是想以后再进一步深造。如果是从就业考虑，随着近几年对专业技术人才需求量的增加，很多技能型人才颇受用人单位的青睐，因此与其勉强选读一个本科院校，还不如选择一个自己既感兴趣又好就业的高职专科专业。

准确了解专业内涵

在填报志愿时，同学们除了需要了解关于专业的分类外，还必须详细了解欲报考专业的实质内涵、研究领域、开设课程、培养目标等。切忌简单地从专业名称的字面上望文生义。现在有些大学为了在招生时吸引考生，将一些传统专业的名称改成了很“前卫”“动听”的名称，如在专业名称中加上了“国际”“工程”“技术”等诱人的字眼，从而吸引大批考生报考。

学校地理位置不是最重要的

地理位置是指某一具体高等院校校址所在地。现在考生的父亲都不愿意自己的孩子“远走他乡”，在北京、上海、天津、广州等大都市，这种现象尤为突出。实际上，在我国“两北一南”地区，集中了大批如兰州大学、吉林大学、四川大学、西安交通大学等无论是教学质量还是科研水平都排在全国高校前列的综合性大学。建议同学们予以适当考虑。

只有了解了这些信息，孩子就能够选择自己想去的大学，学习自己想要学的知识和专业了。

爱孩子，让孩子成为他自己

从孩子一出生起，父亲就面临着人生的一个重要课题：让孩子成为他自己！让孩子找到自己。在家庭教育中，每个父亲都有着自己的“私心”，不是想让孩子按照自己规划的路走，就是想要孩子完成自己未完成的梦。

可是，在这样的教育下，孩子又会变成什么样子呢？有这样一个故事，我们先来看一下吧！希望能够给父亲一些启示。

一天，村子里跑来一匹马，善良的村民们思前想后决定：将马送到原来的主人那里。可是，马儿不会说话，又怎么能告诉大家主人的家在哪里呢？为了将它送回去，村民们想了很多的方法，也没有达到目的。

在这个时候，一个村民说：“让我来试一试吧！”

没想到，这个人的方法很管用，马儿竟然回到了主人的身边。为此，村民们感到很惊奇，纷纷问这个人用了什么方法。

这个人说：“其实很简单！我只是松开了它的缰绳，让它在前面走，我在后面陪着。当马儿肚子饿的时候，我就停下来让它吃草；当马儿口渴的时候，就让它去喝水；当马儿走到危险地方的时候，我就轻轻地拉缰绳，把它牵引到大路上来。等马儿到了路上的时候，我就会松开缰绳，继续让它自己前行。就这样，马儿顺利找到了家。”

听到这里，村民们才恍然大悟。

看完这个故事，我们可以知道：如果强行让马儿怎么样，马儿就会有一股倔强的劲儿不配合。如果把主动权交给马儿，那马儿就不用人们说便找到自己的家。同样的道理，在家庭生活中，很多父亲都有这样的一个特性，就是：希望孩子按照自己的方式成长，把孩子将来的道路全部安排好。

表面上来看，这是爱孩子的一种表现。可是有的时候，孩子就像是马儿一样，并不会告诉父亲自己真正需要的是什么，需要父亲怎么样去做。对于年幼的孩子来说，他们能做的就是无条件地接受，不管父亲给的东西合不合适，能不能接受，他们都会接受。当然了，有的孩子也会因为不能接受就开始对抗父亲，造成家庭关系紧张。

在日常生活中，有很多父亲一开口就抱怨孩子，比如：孩子们如何的不听话；孩子们如何的让人操心；孩子们如何的不爱学习；孩子们如何的气人……

但实际上，教育孩子和种庄稼是一个道理。有句俗话说“种瓜得瓜，种豆得豆”。也就是说，父亲给孩子什么样的成长环境，用什么样的方式教育他，最后孩子就会成为什么样的人。

前几年，各个培训机构都将心理培训核心锁定在：找到你自己，让你成为自己。

的确，孩子们总是活在他人的期待中。60 年代出生的孩子是活在社会的期待中；70 年代出生的孩子是活在父亲的期待中；80 年代出生的孩子开始变得迷茫，不知道如何寻求自我……

在各种期待中，孩子变得不像自己，没有自己了。难道这是父亲想要的吗？应该不是！

曾经有一本书中这样写道：“你是不是你自己，要看你是否自由，

你是否自由，要看你是否自己依赖着自己。”

书中还说：“最先依赖都是一个表象，最可怕的依赖就是，你自己的人生完全依赖于别人，你认为你的快乐是来自于别人，你认为你的时空是来自于别人，你认为你的安全感要来自于别人。”

看完这些，不知道父亲有没有什么触动。在日常生活中，也许父亲有些地方做得很好，比如：工作领域里做得不错，积累了丰富的经验，得到了老板给的肯定以及事业中的安全感……可是，你真的快乐吗？你也希望孩子重复自己的老路吗？

“不！”

很多父亲发出了这样的声音。的确，如果父亲真的爱孩子，就应该让孩子成为他自己，不为任何人而活。

因此，父亲应该将“让孩子成为他自己的主人”渗透在孩子的日常生活中，渗透在每一个行动中。爱和自由，是父亲爱孩子的一种表现。

在生活中，我们曾经看到学校里孩子们直接叫着老师的名字，就像喊伙伴的名字一样自然；在家庭中，子女们亲切地叫着父亲的名字，就像是亲兄妹、亲兄弟一样。在这一刻，我们分明感受到了独立、尊重和平等。

在家庭教育中，父亲可以给孩子灌输这样一些思想：“我是我自己。在这个世界上，没有一个人完全像我。有些人部分像我，但是没有一个人完全像我。我身上的每一点、每一滴都是真实的，这是真正的我。”

除此之外，当父亲想要做决定的时候，要先问问孩子的看法和意见。如果孩子不能接受的话，父亲就不要强求，而要给予孩子一种肯定和尊重。父亲，松开自己的双手吧！让孩子自由飞翔！只有孩子自己才明白他想要的到底是什么。

自由，就是做自己的主人

孩子的健康成长，离不开父亲的关爱，更离不开自由。对孩子来说，自由就是做自己的主人。

可能很多人都有这样的烦恼，觉得自己呱呱坠地后，自己的命运就已被家人安排好，包括以后的人生轨迹都被规划好，自己无权选择地沿着这个轨迹一直走下去。其实人生的命运是靠自己选择和决定的，包括我们的孩子。我们可以不用遵守那些自己不喜欢的条条框框，自己的世界必须由自己来主宰，自己的命运要掌握在自己手中。

其实，孩子在两三岁的时候，就逐渐显现出什么事情都要“自己来”的自我独立意识，他们选择自己动手，不让父亲参与。因为他们有自己的想法、自己的选择。选择，是人类的一种心理过程，是人内心的一种主观行为。著名心理学家说过，一个人在自己自由“选择”的时候，内心更有责任感，更有热情。这是因为他们自由选择的对象，是那些自己感兴趣同时又愿意积极主动去做的事情，在这个过程中，他们是轻松的、愉悦的，做事的结果自然而然会事半功倍。

但是，传统的教育模式恰恰让孩子们失去了“自由选择”的机会。许多父亲“强行”成了孩子的“主人”，为孩子选择，为孩子指明方向，孩子却成了一个任人摆弄的木偶。孩子的情感体验更多的是“我应该怎样”“我必须怎样”，而少了本该有的“我愿意做什么”“我想要做什么”，久而久之，他们就没有了自我意识，遇到任何事情都去询问父亲，父亲指向哪儿，他们就往哪儿走。倘若有一天，现实突然发生改变，他们面临不得不自己解决问题的时候，无法再依靠父亲和其他人的时候，就傻了眼，就开始惊慌失措。如同没有复习功课就上考场的考生，只能像热锅上的蚂蚁在那儿干着急。从而产生一定的心理问题，严重者会让孩子的心理变得扭曲。

有这样一对夫妇，双方都是高级知识分子，他们有一个女儿。夫妇俩从小就对女儿严格要求，无论是在学习还是生活中，都为女儿安排好了一切，替她做了很多本该她自己做的选择。

在这期间，他们的女儿也质疑过，也反抗过，但是夫妇俩苦口婆心地告诉女儿，只要按照他们的路线，一定会有出息的。只要听他们的选择，一定会成功的。于是，女儿开始变得沉默，却也按照她父母的意愿去做。

这样女儿按照夫妇俩的意愿考上了大学、读取了研究生。但是，好景不长，在女儿研究生毕业后，因为找工作遇到了挫折，恋爱也出了问题。于是，整天缩在家里无所事事、浑浑噩噩。当夫妇俩劝她重新振作起来时，她却怒吼着，把所有的错都归咎于她的父母。女儿声嘶力竭地喊道:“我从来都没有想过要上大学、考研究生，这都是你们替我安排的，这都是你们逼的。你们说什么好，我就做什么，什么都听你们的，可结果呢？什么都没有。你们为我选择的是我最不想走的一条道路。我已经失去太多了，没有能力和精力再去拼搏，这下你们满意了吗？”

夫妇俩听了这些话，完全傻了眼。他们一直以为自己给孩子选择了一条最好的道路，却没想到最终换来的却是女儿对他们的憎恨。

故事中的夫妇俩一心为孩子选择一条他们认为最正确的道路和成功的捷径，却忽视了女儿本身的需要和想法。夫妇俩用他们所谓的“爱”，使女儿压抑了自己内心想要自由的冲动。在这种长期的压抑中，女儿失去了锻炼自主选择的机会，失去了自己积累经验的机会，更失去了自己面对挫折的机会。她除了会学习，什么也不擅长。我们可以想象一下，她之所以工作受挫，很有可能是因为没有丰富的生活经验，而爱情受挫，则可能是在与人交流方面存在一些问题。所有的一切，都是由于父母的“爱”，掐断了她自由的翅膀，所以她自己飞不起来了。

其实，每个人的独立意识本是与生俱来的，一个孩子在 13 岁左右时，就具备了非常清晰的自我独立意识。而这个时候父亲要做的，就是和孩子进行平等的交谈，然后让他们自己去考虑，自己做判断，自己去选择。但是，有很多父亲总是怕孩子会出错，总是怕孩子遇到挫折、受到委屈。于是，把所有他们能替孩子做的事情都做好，孩子也就没有了一点自由。其中一些有门路、有地位的家庭，千方百计地为孩子画好他们的人生轨迹，让他们按部就班地、稳稳当当、顺顺利利地走下去。还美其名曰：为了不让孩子受苦。就这样，孩子就成了父亲的复制品，按照父亲的要求成为他们希望的样子。

每个人都是有惰性的，当孩子意识到父亲能够替他们做好一切的时候，自己也就懒得再去动脑筋，懒得再去思考什么是自由，懒得自己去解决问题。如果遇到了麻烦，就想着反正有父亲在，有父亲扛着。只要自己活得轻轻松松、逍遥自在就行了。长此以往，他们就变得越来越坐享其成，越来越懒惰。

在这种教育环境下长大的孩子，很容易成为一个消极被动的人，因为他们早已习惯了接受父亲的安排和帮助，而从来不会去思考如何通过自己的能力去改变现状。拥有这种消极思想的孩子，总是习惯把做不到或做不好的事情归结为基因的遗传、环境的影响，却从来不去找自己的原因。他们深陷在这种消极被动的状态中而毫无知觉。这样的孩子将来走向社会，做任何事情都是受到社会环境或他人的影响而变得不知所措。如果有人指点那还好，没人指点的话，他们以后做事还是会畏畏缩缩、停滞不前。因为他们已经习惯了等待命运的安排或者别人的帮助，相信事情会自己找上门，而不相信自己能够解决或左右事情。这种消极被动的态度，注定他们一生都处于被动之中，受制于他人。这样的人，很难有所成就。

有的父亲会说，既然这样，以后就多给孩子自由空间，他们想干什么就干什么，只要是他们自己选择的就行。这种观点也是不对的，父亲不可以对孩子不管不问，任凭他们自己去发展。若是自由过了火儿，变得自由散漫、唯我是尊，会对孩子的成长造成极大的伤害。所以父亲在对待孩子自由的这个问题上，要懂得适度。对待自己的孩子，就要像园丁对待花园里的花儿一样。园丁会让花儿自由地生长，但也会适时地去施肥、灌溉，不宜过分，也不可疏忽。孩子需要父亲在尊重他们成长规律的前提下，给他们适当的照顾和指引，他们才能最终“开花结果”。

父亲要帮助孩子学会独立思考，锻炼出自己辨别是非的能力，才能在一些事物面前，分得清轻重缓急；父亲要帮助孩子成为能够掌握自己命运的人，也就是独立的人。

尊重孩子，给孩子一些自由

实际上，父亲给予孩子一些自由，并不是给予其放纵或无限制的自由，而是一种对生命的尊重和敬畏，从而让孩子更顺应天性地成长。如果父亲给予孩子无限制的自由，不加以理性控制和引导，则很有可能使孩子养成任性、无理、暴力、不守秩序等不良习惯。这不仅会妨碍到别人，也会让孩子受到一些伤害，甚至还可能会因为这无限制的自由让孩子在成长过程中犯更大的错，承担更大的责任。这种用“一时的自由”换“不自由”的方式，当然不是孩子要的真正的自由。

孩子生活在一个自由的环境中所发挥出的潜力会让父亲大吃一惊呢！在国外，孩子们可以直呼别人的名字，即使是长辈也可以直呼其名。可在中国，这就会被看作是一种不礼貌的行为，在我们所接受的教育里，这样“目无尊长”是会受到谴责的。实际上，国外的教育方式并不是让孩子不尊重大人或长辈，而是以此方式更为坦率地与孩子交流，表达的是一种平等和自由的状态，而这种开阔的自由其实更注重对孩子的尊重。

比如，当国外的父亲向孩子提问的时候，一般都会先问上一句：“宝贝，我可以问你一个问题吗？”如果孩子愿意回答的话，父亲就会高兴地与他继续交流；如果孩子不愿意回答，父亲也不会批评孩子，而会选择尊重孩子的意愿，大不了就此打住。而在中国，如果父亲要问孩子问题，会直接问，不会如国外的父亲一般，细腻地考虑到孩子的心情与意愿。而且，如果孩子不回答的时候，父亲一定会生一肚子气，觉得孩子不听话，有的父亲甚至会批评孩子，以此来发泄自己不被尊重的不满。

当一家人出去聚会的时候，父亲有问过孩子想要去哪里，想吃什么吗？当父亲在家里宴请宾客的时候，有把孩子当成家中的一分子，让他行使主人的权利吗？当孩子不喜欢上辅导班的时候，父亲有尊重他的意见吗？……

其实，孩子也是有情感的人，也是渴望平等交流的人。当父亲的询问不被理睬的时候，我们会生气，那么换位思考一下，长此以往，若我们老是忽略孩子的感受，又哪里是在给孩子自由，又怎么会是尊重孩子呢？当一个人察觉到自己不被尊重的时候，负面情绪很容易升腾起来，久而久之，就会导致情绪压抑，严重者会引发交流障碍或心理疾病等。

由此可见，父亲们对孩子的尊重，意味着与孩子商量，与孩子交换一些小意愿，可以此来慢慢培养孩子的自由天性。所以，爸爸们，与孩子商量，意味着你乐意尊重他们的想法。当孩子获得尊重时，自然也会尊重父亲。

那么，仔细想想，为什么父亲难以培养对孩子的尊重意识呢？归根结底，还是因为父亲对尊重孩子的认同不高。

有新闻记载，美国前总统乔治·H.W.布什身边有一名保镖的两岁孩子帕特里克身患白血病。为了给孩子鼓劲儿，老布什的保镖团队所有成员都剃成了光头。老布什去看望孩子的时候也加入了“光头”行列，剃光了自己的头发。

光头老布什面带微笑地坐在轮椅上，让光头的白血病患儿坐在他大腿上。两人所穿T恤衫和裤子的颜色相近……

这个故事说明了什么呢？老布什身体力行，用他的言行告诉我们他心中对白血病患儿的尊重。

即使孩子比不上我们的年龄，也及不上我们的身高，但是父亲与孩子同样拥有平等交流的权利——与孩子商量，征询孩子的意愿，让孩子自由地发挥，不把自己的想法强加给孩子，这才是父亲对孩子最基础也最好的尊重。

孩子渴望的尊重是希望得到适当的自由。著名教育家蒙台梭利说过:“自由是孩子可以不受任何人约束，不接受任何具有命令性质的强制，可以按照自己的喜好进行自己喜爱的活动。”如果父亲将孩子自由的天性禁锢起来，那么孩子就会失去生命的灵动。

第十一章

男孩、女孩，父亲教育大不同

男女有别，做性别意识的启蒙者

经常会有女儿这样问：“爸爸，爸爸，为什么你上厕所是站着的，而我是坐着的呢？”“爸爸，爸爸，为什么弟弟有那个东西，而我没有？”当听到这样的问题时，父亲免不了会尴尬，但如何回答呢？有的父亲选择装作没听到，有的父亲会搪塞一句：“长大了你就知道了！”

对于这样的“神秘”回答，女儿显然不满意，就会出现这样的心理：你不告诉我，我就去问别人！于是，令父亲更尴尬的问题就来了……事实上，女儿一出生，就应该学习有关性别意识的“课程”——认识自己（也包括认识自己的身体）。

在部分家庭中，有些父亲对孩子的性别表示“不满”，便想出了奇招——把男孩打扮成女孩或把女孩打扮成“假小子”。随着孩子的年龄增长，这样模棱两可的“性别”便显得有些不伦不类——男孩的性格有点儿娘娘腔，说话细声细语，步态扭捏，喜欢扎在女生堆里玩；女孩的性格豪爽，嗓门粗大，上蹿下跳，喜欢踢足球，留着男孩一样的发型。这样下去的危害就是：使男孩和女孩的性别产生混乱。

有这样一个故事：

在浙江的某所寄宿学校，有一个容貌姣好、成绩优秀的女孩。在家长和老师看来，她一定会考上重点高中。就在父亲以她为傲的同时，一件震惊的事情传来——她有了一个女朋友！

据同学们说，她和女友关系好得像是连体婴儿。每次一下课，两人就缠绵在一起：坐在对方的腿上谈笑；吃饭互相喂食；深情对望说：我爱你；到了晚上，两人还睡在一张床上。这样的关系还没持续多久，就被老师发现了。

在与她谈话无果后，老师将这件事告诉了双方的父亲。当她的父亲听到这个消息时，简直不敢相信：自己辛辛苦苦养大的女儿，怎么会喜欢女同学？可她却执拗地说："我就是同性恋！怎么了？"然而，这换来了父亲的一记耳光。

故事中的女孩为什么会出现这样的情况呢？原因是——她并不认同自己原本的性别身份！从根本来说，就是一种性别意识混乱。这种性别意识混乱会随着年龄的增长，使性格产生扭曲，影响到心理发育，包括性生理发育。严重的话，就可能选择同性朋友，出现同性恋问题。

研究性别意识的专家说：把男孩打扮成女孩，短期内问题不大，但不能在培养孩子时，还用这种"性别错乱"的方式。"性别错乱"不仅会影响到孩子的正常发育和性格，还会影响性别意识的定位。

因此，父亲要提早引导孩子识别、接受自己的性别，并建立正确的性别观念。无论是在日常的交流中，还是在对孩子行为的要求上，都要贯穿这种思想。

男孩穿蓝色，女孩穿粉色

在英国和德国，一看新生儿的毯子，就能立即分辨出男女——男孩用蓝色毯子，女孩用粉色毯子。刚出生的婴儿是没有性别意识的，但父亲要让他们潜意识里有：这种颜色属于我。

男孩穿裤子，女孩穿裙子

裙子最能代表女性，裙角飞扬会让女孩从小就懂得温柔如水；而裤子最能代表男性，直挺挺的裤脚能让男孩养成坚毅、果断的性格。

爸爸带儿子洗澡，女儿交给妈妈

德国心理学专家基尼曾说：这样的做法，是为了让男孩或女孩的潜意识里留下：身体跟爸爸一样或者跟妈妈一样。

男孩玩机器人，女孩玩洋娃娃

机械类的玩具对男孩性别塑造的影响更大，而女孩玩娃娃能更充分地激发其母性的本能。

恋父情结，从孩子幼年时期注意

什么叫恋父情结呢？恋父情结最初是弗洛伊德提出来的，他认为：在孩子性心理的发展过程中，最先要在亲近的异性家长那里得到满足，从而产生了一种女儿会对父亲产生的爱恋。

那么，恋父情结是怎么产生的呢？一项调查研究表明：女孩发展成为反母亲的“恋父情结”，一般需要3个条件——家庭里阳盛阴衰；父女相依为命或父女的亲近超过母女的亲近；女孩个性内向，心理稚嫩，富含“嗲”气。

有这样一个故事：

媛媛今年 11 岁，平时十分依赖爸爸，比如：快要睡觉了，她一定要爸爸讲故事，才能入睡；早晨起床以后，她非要爸爸给她穿衣服；如果爸爸晚上加班回家晚，她非得等爸爸回来以后才肯睡觉；爸爸出差回来，给她带些礼物，她就会一直亲爸爸的脸颊，还会依偎在爸爸的怀里不肯出来……

看到女儿这个样子，妈妈都有点儿吃醋了。有的时候，就忍不住想：女儿是不是有恋父情结呢？

实际上，每个女孩都有恋父情结，但是在心理发育的过程中，随着女孩子自身的独立要求、情感需求、学校和父亲的教育，女孩看到的人或事会越来越多，世界会越来越宽广，也就不会将爸爸看作是生命中唯一的人了。

不过，在家庭教育中，爸爸不应该与女儿过分亲密，从而替代母女间的亲情。要知道，这种行为只会助长女儿无意识中的恋父情结，影响家庭结构。比如：女儿和父亲的关系非常亲密，这就会渐渐代替家庭里母亲的角色，从而形成一种特别的家庭结构。

在孩子还年幼的时候，爸爸应该把讲故事、穿衣服等有关事务都交给妈妈。这样的话，女儿和爸爸就会保持一定的距离，从而有利于家庭关系的和谐。

不过，在有些父亲眼里，认为与女儿亲密并不是恋父情结。生理学家、心理学家、教育专家等研究人员总结出了两点有关于恋父情结的表现：

第一，恋父情结多出现于父女相依为命或父女过于亲近的家庭，这是客观环境方面的原因。

第二，有恋父情结者的性格大多是内向的，且多有刁蛮、娇气、任性的性格，这是主观的个性方面的原因。

恋父情结的症结是：女儿无法与父亲实现心理分离。有的女儿已经成年了，但是还要与父亲同床而眠。这样的心理和行为不仅影响到今后的异性交往，还会影响自己的婚恋，甚至造成家庭悲剧。

性的教育

在家庭生活中，父亲应该对孩子进行性的补课教育，比如：性的社会角色教育，让孩子明白“男女有别”，从而让孩子摆脱恋父情结；鼓励孩子多交一些同龄的朋友，为将来青春期结交异性朋友做好垫铺。

行为配合

其实，孩子的“恋父情结”是因为在婴幼儿时期获得了太多父爱而产生的一种畸形的心理。如果发现孩子有恋父情结，作为父亲就应该坚定而巧妙地疏远女儿；作为母亲，也应该及时站出来，亲近女儿，阻碍女儿过于亲近父亲。

一项调查结果显示：“恋父情结”是性心理障碍，也可以称作性心理倒错，一般形成于 3 ~ 6 岁，是由于没有得到正确的关爱和适当的教育而产生的。“恋父情结”是有一定危害的，可能阻碍长大后走近异性，走向婚恋。基于某种原因，即使走进婚恋，亦“身在曹营心在汉”，无法全身心地投入到婚姻生活中。

为什么会这样呢？因为女儿仍然存在着恋父情结，深深依恋着父亲，无法把感情从父亲身上转移到丈夫或男朋友身上。

实际上，如果父亲能够稍微留心一点，就能够阻止恋父情结的发生。比如：有的孩子总是将父亲常用的东西带在身边，形影不离。如果别人触碰的话，她就会大哭大闹，甚至出现暴力行为；在公共场合或朋友面前，她们总会提及父亲……这个时候，父亲就应该正视这个问题了。不然的话，等到孩子长大了，这种情结有可能变得更强烈，甚至难以控制，从而影响到家人的正常生活。

让女儿知道：世界上最爱她的那个男人是父亲

网上流传着这样一句话：女儿是父亲上辈子的情人，这句话从侧面反映出父亲对女儿浓浓的情谊。父爱犹如一座巍然屹立的大山，给女儿最坚实的依靠。

陈道明就是这样一位深沉的父亲，他对女儿的爱就是“无微不至”的。下面，我们来看一下吧：

陈格小的时候特贪玩，像个男孩子一样，用杜宪的话来说就是：“格格在家里从来没有公主的感觉，她就像个野孩子，特别贪玩。别人家的女孩子都文文静静地坐得住，我们家这野孩儿可不行，整天跑进跑出的，为了她的安全，我们一直跟在后面，和她一块儿累。”

对于女儿格格的教育，杜宪的心里其实很矛盾：因为自己和丈夫的工作都很忙，无法抽出充足的时间很好地照顾和教育女儿，孩子一天天地长大了，他们作为父母，当然希望自己的孩子能够受到最好的教育。而且格格很有艺术天分，但那个时候，国内的教育大多注重的是文化课的成绩，而西方的教育则更注重孩子自身天分的开采，他们能够进行个性化的培养，这非常有利于孩子各方面的健康成长。

为了孩子的将来着想，杜宪只能忍痛和陈道明说出自己想把女儿送到国外读书的想法，谁知道，在很早的时候，陈道明就有过这个打算，但考虑到孩子那时太小，而太太杜宪又特别爱孩子，怕她不舍得让女儿一个人远渡重洋。于是就把这个想法放在心里，忍住没说。这一次既然杜宪提出来了，他立刻就答应了，并很快去咨询朋友，和妻子选定了一所英国的学校。夫妇俩一起不远万里地送格格去英国上学，等到帮格格把一切都打点好之后，他们却把回国的日期一推再推，最终还是因为国内的工作需要必须得离开。回国的时候，杜宪在飞机上就忍不住失声痛哭。

陈道明的心里更舍不得离开女儿，但是理智告诉他：女儿是属于社会的。“我想，将来孩子回归家庭的机会会越来越少，她是隶属整个社会的。她更应该对这个社会有感情，愿意为社会做事，让社会去教育她。家长不能只是养了一个大宝贝，那不成。”

事实证明，陈道明和杜宪的决定是十分正确的。13 岁的陈格很快就适应了英国的生活，在英国的学校里拥有了很多的小伙伴，而且她的成绩也让陈道明和杜宪非常满意。

放暑假的时候，陈格回国度假。半年时间没见，这次女儿给杜宪的感觉很不一样，她觉得女儿仿佛半年多时间就突然长大了。格格回家后，还像以前那么亲热，但有的时候，会把自己一个人偷偷关在房间里。杜宪担心格格是不是有什么心事，于是，就想和她谈谈。

有一天夜里，杜宪路过孩子的房间，看到格格睡着了，却忘了关电脑，于是，就走进女儿的房间，无意中看了一眼女儿的电脑屏幕。屏幕上是格格没有完成的一幅动漫，上面画着一个美丽的少女，静静地坐在星夜的窗下，看着窗外，不知道在想什么。这时，杜宪注意到，画的背景是粉色的，是用一颗颗的心连成的。这下她总算明白了这些天女儿的莫名举动。看来女儿在异国他乡有了喜欢的人。格格每天会花大把的时间通过网络和那个男孩子联系。于是，她和妈妈的交流也就变少了。

杜宪替女儿盖好被子后，关掉电脑就回到房间了，却翻来覆去怎么也睡不着了。陈道明一问之下，也感到非常意外，但是，很快他就释然了：是啊！女儿已经长大了，这是正常的，但问题的关键是，怎样才能让这种青春期的朦胧情怀不影响孩子的学业及心情。最终，陈道明和杜宪决定，要和格格谈一谈。

第二天一大早，杜宪就叫醒了格格，告诉她，爸爸有时间，可以带她们娘俩去护国寺吃小吃。因为杜宪知道格格从小就爱吃那儿的小吃。那个时候，陈道明并不像现在这么忙，经常早晨陪格格去喝豆浆、吃早点。那天，等格格吃饱喝足后，陈道明很认真地对格格说："女儿，你知道吗？这里也是我和你妈谈恋爱的时候经常来的地方，这个地方以前没有那些麦当劳、肯德基。那时，我和你妈都还是学生，去不起大饭店，只能来这里吃小吃。小吃不仅便宜实惠，而且味道还很不错。其实，我和你妈今天带你过来，是有一件事想和你好好地聊一聊。二十年前我和你妈妈因为拥有共同的人生目标，又志趣相投，我们认为彼此都是可以托付终身的那个人，于是就走到了一起，共同建立了家庭，最后还有了可爱的你。爸爸说这么多只是想告诉你，你现在年纪还小，你的思想还不够成熟，爱情是很美好的，但是，爱情当中的责任是你这个年纪所无法承受的。所以，我们希望你能够再过几年无忧无虑的日子。"

陈道明在说完这些话的时候，格格的脸上早已挂满了泪水。她万万没有想到父亲居然知道了自己的小秘密，更没有想到的是，父亲会如此用心良苦地找她谈话，教育她。也就是在这一天，格格知道了这个世界上最爱她的男人是谁了。

从陈道明和女儿的这个故事中，我们看到了一位伟大的父亲，这位伟大的父亲并没有强硬地告诉女儿：不行、不可以、听我的！而是耐心地告诉女儿：这样做不可以，为什么要你这样做，从而让女儿真正理解到父亲的良苦用心。

有人说女儿是爸爸上辈子的情人，依依不舍追到了这辈子。这句话奇妙地诠释了爸爸与女儿之间那种深沉的、默默的感情，一种超越爱情，却又带有一点点"自私"的疼爱。

父爱虽然不曾像母爱那样的沁人心脾，那样柔软，触手可及；但是那"父爱如山"的深沉却让女儿感到了从未有过的安全。如果说从恋人身上会感受到失望，但父爱从未曾让女儿有过丝毫的遗憾。父爱一直扮演着一种特殊的角色，以一种特有的沉静的方式影响着女儿。

父爱羞于表达，疏于张扬，却巍峨持重。女儿大了，她找对象会有意无意地以爸爸作为标准去衡量她将来的另一半，于是就有了女儿是爸爸上辈子的情人的说法。

从女儿出生到长大，再到工作，甚至到嫁人，父亲的眼睛从来没有离开过女儿。所以说，父亲才是世界上最爱女儿的那个男人。

男孩天生爱冒险，爱探索

与柔弱的女孩相比，大多数男孩子从小就有那种“天不怕，地不怕”的精神，胆子大不说，还特别爱冒险，爱探险。尤其是那些具有挑战性和刺激性的事情，特别合他们的胃口。男孩子从小就喜欢爬上爬下，而且会从高处跳下来。

随着男孩子年龄的不断增长，他们又开始热衷于诸如轮滑、攀岩、蹦极等冒险活动。他们追求的就是那种心跳加速、热血沸腾的感觉，让人爽到极点。

周末，爸爸独自在家看电视。突然，他听到一阵紧急的敲门声。打开门一看，原来是 8 岁的儿子西西，被同学背着回来了。只见他满脸泪水，嘴里哎哟哎哟地呻吟着。

看到西西痛苦的样子，爸爸赶紧把他送到医院。等医生把西西推进急诊室时，爸爸才回过神来问同学们怎么回事。

几个同学低着头，支支吾吾地说出了原委。原来，几个孩子约在一起爬树，谁爬得最高，谁就是胜利者。于是，几个孩子就开始较劲儿，往树的高处爬了。西西爬得很快，不一会儿就爬到了最高处，正在他得意时，脚下一滑，就狠狠地从树上摔了下来。这一幕吓坏了孩子们，他们不知道该怎么办，才慌忙把他送回家。

最终，西西被医生诊断为左脚脚踝骨折，俗话说：伤筋动骨一百天，西西怎么也需要在家静养一个多月才行。

就在这时，爸爸忍不住开始犯愁："本来这孩子学习就不好，这下又要落下功课了……这可怎么办啊？"

其实，像西西这种爱"冒险"的孩子有很多。在他们这个年龄阶段，玩闹成了生活中不可缺少的事情，但偶尔也会因此付出不小的代价。一位有着两个儿子的父亲发愁地说道："自从这两个孩子能跑能跳了，我几乎每天都在提心吊胆地生活，生怕我这两个调皮捣蛋的儿子会做出什么危险的事情来。"

关于男孩子爱冒险，可以归纳出以下几种原因：

1. 有些男孩子天生就特别胆大，喜欢刺激和冒险。通过这种刺激冒险的行为，他们对这个世界的了解就多一些。

2. 有些男孩子好奇心特别重，他们对一切未知的事物都充满了好奇。为了满足自己那颗好奇的心，他们喜欢接触一些危险的东西。

3. 尽管父亲一再告诉孩子们有些东西是危险的，千万不能碰，但是他们在偶尔碰触之后，发现并没有父亲所说的那么可怕，于是侥幸心理就会让他们继续去碰触。就好比，玩剪刀的时候这一次没有剪伤手，下一次也没有。于是，就认为这类物品不是危险物品了。

父亲对于孩子的这些冒险举动，不要轻易说"不"字，有时，孩子的冒险行为也是他认知世界的方式，所以请不要扼杀孩子对这个精彩世界的好奇心。其实，父亲大可不必过于担心，著名的心理学家曾指出：男孩的体内会分泌一种睾丸素，体内分泌过多的睾丸素会使男孩们产生强烈的、寻求刺激的一种欲望。而这种刺激的欲望会通过两种行为表现出来：一是喜欢冒险，冒险的行动为他们带来全身心兴奋的感觉；二是喜欢创造，在进行创造的时候，也是他们寻求刺激的时刻，内心的欲望也会得到很大程度的满足。

父亲要做的就是，学会正确地引导男孩，让他们能够在一个相对安全的范围内做他们喜欢的具有冒险、创造性的活动，这样能够锻炼他们的胆识和创造力。

冒险的同时不忘避险

每年过年的时候，梓琦都闹着要放鞭炮，但是爸爸考虑他年龄太小，就不让他玩，说等他长大点就允许他玩。

今年梓琦 7 岁了，就又向爸爸提出了玩鞭炮的请求，但是爸爸还是以年纪太小，玩鞭炮危险的理由拒绝了他。令人没想到的是，梓琦趁爸爸不注意的时候，跑到楼下自己买了花炮去小操场燃放，还好爸爸发现得比较及时，才没有出什么危险的事情。

这回，爸爸知道不让梓琦玩儿是不行了，于是就领他到一个较为空旷的地方，找来一根铁丝，手把手教梓琦用一根细绳把较长的细铁丝和点着的香绑在一起，然后抓着铁丝再去点花炮，等看见冒火了，就转身赶紧跑开。梓琦按照爸爸教的方法，很安全地玩了鞭炮，还感到很开心呢！

所以，当男孩想要冒险、尝试的时候，父亲的阻止不仅起不了作用，还会促使他们更加想要尝试。与其不让他们自己冒险，不如把如何避免危险的方法教给他，给他们讲讲安全常识，让他们在玩的时候，学会自我保护。让他们能够安安全全地去冒险，去探索。

认清冒险的性质

冒险分好多种，但是盲目的冒险却往往会引来危险。父亲可以给他们讲讲一些真实的故事，例如某大学生喜欢探险，和几个有同样兴趣的朋友一起去野外探险，结果丧命丛林的故事，告诉他们，只有一腔热情而没有专业的野外生存训练的探险活动，会把自己置于危险的境地。一定要告诉他们，不管做任何事情，都不可盲目地去做，一定要先做好前期的准备工作，再放手去做。

巧妙应对男孩的固执

小磊和爸爸在旅途中看到有些人在玩蹦极，惊险刺激极了。小磊看到也很想玩，就吵闹着要去尝试。爸爸告诉他：这个游戏是禁止小孩子玩的，但是小磊却不听。爸爸灵机一动，对他说："好吧，咱们可以去问问给游人系保险带的叔叔们，看看小朋友能不能玩。"

结果可想而知，那边的工作人员毫不客气地对他们说："这简直是开玩笑，小孩子怎么能玩这种极限运动呢？很危险的。"小磊看到这个架势，就打消了要玩的念头。

如果男孩们固执地想要参加一些冒险活动，爸爸们完全可以像故事中的爸爸一样，请活动中的工作人员当面告诉孩子危险在哪儿。这样，男孩们就不会再那么固执己见了。

真正的男子汉从来不找借口

每一个借口的背后都隐藏着逃避责任、不信守承诺的潜台词，因为不好意思，因为怕担责任。但是，有时候借口的代价是非常巨大的，它很有可能会阻碍一个人将来的成功。

在日常生活中，借口几乎随处可见。孩子不小心撞到柜子，哭了起来，一些父亲赶快上前抱着孩子安慰，并不时地拍打柜子，埋怨它怎么碰着孩子了，孩子看到这个场景不由破涕为笑；一些父亲曾对孩子许诺，如果成绩达到一定的标准后，就奖励孩子一块儿出去旅游，但是，孩子通过努力做到了，父亲却怕破费，于是找借口说工作忙走不开，以后再补；孩子没考好，怕父亲责骂，就借口说，这次的题太难，大家都没考好。

在父亲眼中，孩子为了推卸责任，总会找出一大堆借口和理由。这好像就是孩子的天性一样。每当父亲听到孩子推卸责任的话就会生气地说："你怎么可以这样没责任心啊？还要继续为自己的错误找借口吗？"或者"怎么总是拿别人当挡箭牌啊？"

换句话说，父亲是在问孩子："犯了错误，还拒不承认？"一般爱找借口的孩子不外乎两种情况：一种是怕受到父亲的惩罚和责骂而找借口；另一种则是找借口来维护他小小的自尊心。

孩子们在很小的时候，自尊心就很强。他们的自尊心一旦受到伤害，就会感到无比羞愧。如果孩子在犯错误时，找借口来维护自己的自尊心，父亲这时还不放过，那么孩子的内心会失去控制地怨恨他的父亲，会想办法远离父亲，甚至好几天不和父亲说话。

当孩子犯了错在找借口时，父亲不要说一些"再不说，小心揍你啊""你这孩子怎么这么不听话"等之类的话，这样只会起到反作用。

其实，孩子为了逃脱惩罚而找借口的时候，心里本来已经很紧张害怕了，这时，父亲应平静地安慰道："孩子，没事的，只要不是故意的就好，下次记得小心就行了。"

当孩子听到这样安慰的话时，就会认为自尊心受到了保护，就会安下心来，这样就完全没必要再去找借口了。下次如果再有类似的情况发生时，孩子就会勇于承认错误，并主动承担责任了。

每个孩子都会因为犯错误而找这样或那样的借口，问题的关键是，父亲如何对待。

一天，吃完饭后，爸爸让壮壮帮忙把碗筷送到厨房，壮壮极不情愿地走过来捧住几个空盘子就走，可能是由于心不在焉，盘子从壮壮手中掉了下去，全都打碎了。爸爸闻声赶忙跑过来，本以为爸爸会安慰他，却没想到爸爸没有说话。

壮壮看着爸爸，支支吾吾地说："爸爸，这个盘子又滑又重的，是它们自己从我手里滑下去才摔破了。"

看到壮壮这个样子，爸爸冷静地对壮壮说："壮壮，做错了事情就要知错就改，要主动承担责任而不是像你这样去找借口！"

壮壮听到爸爸的这番话后，"哇"的一声哭了起来，一边哭一边争辩："呜呜呜，就是，就是盘子太滑了自己滑出去摔碎的，不关我的事……"

故事中的壮壮本以为会得到爸爸的安慰，却得到了一顿指责，于是他继续狡辩，继续犯错误。如果爸爸安慰他的话，那么壮壮再遇到这样的情况，就不会继续找借口，继续犯错，继续恶性循环下去了。所以说，爸爸们不要去惯孩子，要实事求是，并告诉孩子错在哪里了。当然了，当孩子犯错的时候，爸爸们要注意保护孩子的自尊心，然后再动之以情晓之以理地去教育孩子，这种方法所起到的效果一定比直接责骂要好得多。

其实，孩子找借口的行为有一部分跟父亲有关系。在日常生活中，孩子会目睹父亲如何为自己的错误找借口，明明是父亲自己犯的错，却硬是推脱责任。久而久之，孩子也学会了父亲这一套，找借口成为习惯。而孩子一旦习惯了找借口，那么无论他做错什么事，首先想到的都是如何把责任推脱掉，而不去从自身寻找原因，因此就吸取不了教训，下次还会再犯同样的错误，难以进步。所以父亲一定要注意自己的行为。

为了让孩子学会承担，摒弃找借口。父亲可以从以下几方面来引导孩子：

以身作则

父亲一定要以身作则，给孩子树立不找借口的榜样，用实际行动告诉他们：说过的话就一定要算数，许给孩子的诺言一定要兑现。如果父亲多次以各种理由无法兑现对孩子的承诺，渐渐地孩子就会失去对父亲的信任，同时还可能学会和父亲一样找借口。

多找自身原因

很多父亲，当孩子碰到桌角后会用埋怨桌子的话来安慰孩子不哭。其实这种找借口的行为会潜移默化地影响孩子对自己行为的判断。因此，父亲应该告诉孩子从自身找原因，让孩子吸取教训，而不是找借口。

讲述找借口的危害

如果发现孩子犯了错误就找借口推卸责任，或者遇到困难就退缩，并找借口为自己开脱，那么父亲要及时揭穿孩子的借口，并告诉孩子找借口的种种危害。让他们努力学着承担责任，遇到困难时要迎难而上，从错误中吸取教训，并且知错就改，这样才能成长为负责、上进的好孩子。

及时表扬孩子在改掉不良行为中的进步

其实，无论孩子有什么样的不良习惯，一时半会儿都不可能全部改掉。在孩子改掉不良行为的过程中，父亲应该及时关注孩子的提高并口头表扬，这样才能提高孩子的积极性，帮助他们继续改正，最终彻底根除自己的坏习惯。

图书在版编目（CIP）数据

爸爸的高度，决定孩子的起点 / 张卉妍编著 . -- 长春 : 吉林文史出版社 , 2019.3（2022.10 重印）

ISBN 978-7-5472-5943-6

Ⅰ . ①爸… Ⅱ . ①张… Ⅲ . ①家庭教育 Ⅳ . ① G78

中国版本图书馆 CIP 数据核字 (2019) 第 028475 号

爸爸的高度，决定孩子的起点

BABA DE GAODU , JUEDING HAIZI DE QIDIAN

编　　著：张卉妍

责任编辑：孙建军　董　芳

出版发行：吉林文史出版社有限责任公司（长春市福祉大路 5788 号出版集团 A 座）

www.jlws.com.cn

印　　刷：唐山楠萍印务有限公司

版　　次：2019 年 3 月第 1 版　2022 年 10 月第 9 次印刷

开　　本：145mm × 210mm　1/32

印　　张：8 印张

字　　数：198 千字

书　　号：ISBN 978-7-5472-5943-6

定　　价：36.00 元